Achraf Mtibaa

Ontologie de multi-représentation pour la spécification des besoins

AF198145

Achraf Mtibaa

Ontologie de multi-représentation pour la spécification des besoins

Ingénierie ontologique

Presses Académiques Francophones

Impressum / Mentions légales

Bibliografische Information der Deutschen Nationalbibliothek: Die Deutsche Nationalbibliothek verzeichnet diese Publikation in der Deutschen Nationalbibliografie; detaillierte bibliografische Daten sind im Internet über http://dnb.d-nb.de abrufbar. Alle in diesem Buch genannten Marken und Produktnamen unterliegen warenzeichen-, marken- oder patentrechtlichem Schutz bzw. sind Warenzeichen oder eingetragene Warenzeichen der jeweiligen Inhaber. Die Wiedergabe von Marken, Produktnamen, Gebrauchsnamen, Handelsnamen, Warenbezeichnungen u.s.w. in diesem Werk berechtigt auch ohne besondere Kennzeichnung nicht zu der Annahme, dass solche Namen im Sinne der Warenzeichen- und Markenschutzgesetzgebung als frei zu betrachten wären und daher von jedermann benutzt werden dürften.

Information bibliographique publiée par la Deutsche Nationalbibliothek: La Deutsche Nationalbibliothek inscrit cette publication à la Deutsche Nationalbibliografie; des données bibliographiques détaillées sont disponibles sur internet à l'adresse http://dnb.d-nb.de.
Toutes marques et noms de produits mentionnés dans ce livre demeurent sous la protection des marques, des marques déposées et des brevets, et sont des marques ou des marques déposées de leurs détenteurs respectifs. L'utilisation des marques, noms de produits, noms communs, noms commerciaux, descriptions de produits, etc, même sans qu'ils soient mentionnés de façon particulière dans ce livre ne signifie en aucune façon que ces noms peuvent être utilisés sans restriction à l'égard de la législation pour la protection des marques et des marques déposées et pourraient donc être utilisés par quiconque.

Coverbild / Photo de couverture: www.ingimage.com

Verlag / Editeur:
Presses Académiques Francophones
ist ein Imprint der / est une marque déposée de
AV Akademikerverlag GmbH & Co. KG
Heinrich-Böcking-Str. 6-8, 66121 Saarbrücken, Deutschland / Allemagne
Email: info@presses-academiques.com

Herstellung: siehe letzte Seite /
Impression: voir la dernière page
ISBN: 978-3-8416-2080-4

A mes parents

A ma femme et mes enfants

A mes sœurs, mes frères et mes beaux parents

Remerciements

Je tiens à remercier très sincèrement l'ensemble des membres du jury qui me font le grand honneur d'avoir accepté de juger mon travail.

Je remercie Monsieur Faïez Gargouri, Professeur à l'institut supérieur d'informatique et de multimédia de Sfax ISIMS et directeur de ma thèse, pour toute la confiance qu'il m'a témoignée tout au long de ces années et sa constante disponibilité. Ses remarques constructives ont contribué à améliorer les travaux de recherche présentés dans ce mémoire. Qu'il soit ici assuré de ma profonde gratitude et de mon très grand respect.

Je tiens à mentionner le plaisir et l'honneur que m'ont fait Monsieur Rafik Bouaziz, Maître de Conférences et directeur des études à la faculté des sciences économiques et de gestion de Sfax FSEGS et Monsieur Ladjel Bellatreche, Professeur à l'école nationale supérieure de mécanique et d'aérotechnique de Poitiers ENSMA, pour avoir accepté d'être les rapporteurs de ma thèse. Je les remercie pour leurs critiques constructives qui m'ont permis d'améliorer ce manuscrit.

Je remercie Monsieur Jamel Feki, Maître de Conférences à la FSEGS, pour l'honneur qu'il m'a fait en présidant mon jury de thèse.

Je remercie également Monsieur Djamel Benslimane, Professeur à l'université Lyon 1, pour l'honneur qu'il m'a fait de participer à ce jury de thèse.

Je remercie Monsieur Wassim Jaziri, Maître assistant à L'ISIMS, pour sa contribution dans l'encadrement de ce travail. Je le remercie pour son soutien et sa collaboration.

Je voudrais remercier aussi tous les membres du laboratoire MIRACL pour leur aide, leur soutien et leur gentillesse. Mes remerciements vont également à tous mes enseignants à l'FSEGS.

J'exprime aussi ma gratitude à Ahlem Nabli et Mohamed Mhiri pour leurs encouragements et toute l'aide qu'ils m'ont accordé.

Je remercie Jamel Bejjar, Anouar Chakroun, Mouez Ali, Yassine Ayadi, Nadhmi Moalla, Maha Maalej, Zied Bouraoui, Rania Elleuche, Mohamed Tourki, Maher Jaoua, Mohamed Néji, Sana Chaabéne, Mohamed Frikha, Najla Sassi, Hanene Hamdani, Sahbi Zahaf, Héla Hachicha, Jihène Majdoubi, Amal Chbérli, Najoua Allouche et Mounira Amorri, pour leurs marques d'affection et leur amitié.

Je remercie, mes collègues à l'institut supérieur d'électronique et de communication de Sfax ISECS et mes collègues à l'institut supérieur des sciences appliqués et de la technologie de Gabès ISSATG pour les encouragements et l'aide qui m'ont permis de finir cette thèse et surtout ceux qui m'ont fait profiter de leur grande expérience et avec qui j'ai eu de nombreuses discussions enrichissantes.

Mes remerciements vont également aux membres du laboratoire LISI-ENSMA, Poitiers-France, pour l'accueil chaleureux, pour les discussions scientifiques et l'amitié cultivée au sein de ce groupe.

J'exprime ma gratitude à Messieurs Guy Pierra, Yamine Ait Ameur, Aris Ouksel et Gilles Falquet pour les discussions enrichissantes que nous avons eues et les informations que nous avons échangées

Un grand merci à ma famille et mes amis qui ont su être présents dans les moments difficiles et qui sans eux cette thèse n'aurait pas été possible. Je pense à la famille Mtibaa (Lotfi, Mouna, Sameh, Najla, Fahd, Manel, Hamdi, Momtéz, Mohamed, Maroua, Wael, Jawhar, Ons, Alaa, Yasmine, Chahd et Douja) et la famille Kessentini (Chédia, Walid, Fayrouz, Tayb, Abir, Sirine, Eya, Kmar et Nayma) pendant les moments difficiles que j'ai pu avoir et émerveillé par leur bonne humeur.

Enfin, la réalisation de cette thèse fut une occasion merveilleuse de rencontre et d'échange avec de nombreuses personnes. Je ne saurais pas les citer toutes sans dépasser le nombre de pages raisonnablement admis dans ce genre de travail. Je reconnais que chacune a, à des degrés divers, mais avec une égale bienveillance, apporté une contribution positive à sa finalisation. Mes dettes de reconnaissance sont, à ce point de vue, énormes à leur égard.

TABLE DES MATIERES

TABLE DES FIGURES

LISTE DES TABLEAUX

INTRODUCTION GENERALE

1. CONTEXTE

Les nouvelles fonctionnalités demandées par les utilisateurs à l'ingénierie des systèmes (IS) nécessitent la conception de nouveaux outils pour la spécification des besoins, l'accès, la recherche et la visualisation des informations. Le développement rapide des systèmes distribués, l'émergence des réseaux de type Web, l'évolution du Web classique au Web sémantique permettent aux utilisateurs d'accéder à un nombre de plus en plus croissant de données et de services. Par conséquent, ces données et ces services sont caractérisés par différents types d'hétérogénéité tels que les différences structurelles liées à la manière de décrire les données ou les services et les différences sémantiques liées à la façon de les interpréter. Ces problèmes ont motivé, notamment dans l'étape de spécification des besoins, la recherche de nouvelles solutions.

L'étape de spécification des besoins (SB) se présente comme une étape cruciale intervenant pendant la phase d'analyse des besoins du cycle de vie d'un système. Cette étape est, selon [Tudor 05], un contrat entre les futurs utilisateurs et les concepteurs. Elle concerne les caractéristiques attendues : exigences fonctionnelles et non fonctionnelles. L'étape de SB n'échappe pas à la règle et constitue une source d'hétérogénéité. Cependant, beaucoup de problèmes se posent lors de cette étape tels que la difficulté de collecte d'informations, l'incompréhension et l'incomplétude des besoins, l'ignorance des possibilités et des contraintes des systèmes proposés, etc. En outre, les besoins risquent d'être vagues. Ceci se matérialise, en particulier, par des conflits de profils, de points de vue et de contextes entre différents utilisateurs.

La variation de l'environnement et du contexte d'usage du système d'information (SI) peut entraîner le changement des besoins des utilisateurs, voire même leurs points de vue et attitudes vis-à-vis d'une situation (d'une prise de décision) donnée. La réaction d'un utilisateur et la décision qui la déclenche peuvent donc être influencées par différents aspects, en l'occurrence ses compétences et ses caractéristiques personnelles (profil) et la situation dans laquelle il se trouve (le contexte d'usage au moment de la prise de décision). Le profil lui-même peut être influencé par le contexte de l'utilisateur. Cette multitude de contextes entraîne des expressions différentes des besoins, voire même contradictoires. Une bonne conception d'un système d'information doit tenir compte de certains aspects essentiels pour la réussite du projet, à l'instar de la spécification des besoins, la prise en compte de la multitude de contextes et l'hétérogénéité des techniques utilisées pour la spécification des besoins. Le concepteur, dans ce cas, doit faire face à divers problèmes liés notamment à l'incohérence, à l'ambiguïté sémantique et à la difficulté de modélisation des besoins.

Les AGL (Atelier de Génie Logiciels) actuels ne permettent ni la détection ni la résolution des problèmes causés par l'ambiguïté sémantique. Ces AGL ne disposent pas d'informations précises sur le domaine et le contexte d'étude. Ils se limitent actuellement à la vérification de certaines erreurs syntaxiques relatives aux spécificités des diagrammes utilisés. Nous ne cherchons pas, dans notre travail, à résoudre tous les problèmes causés par l'ambiguïté sémantique lors de l'étape de SB d'un système causée par la multitude de contextes mais plutôt à surmonter un peu de ces problèmes car la sémantique ne peut pas être interprétée totalement par la machine. Cette dernière ne peut jamais atteindre le niveau d'interprétation sémantique de l'Homme. Nous dirigeons notre réflexion vers l'utilisation des ontologies connues par leurs apports incontestables au niveau sémantique. Elles sont généralement utilisées pour remédier aux problèmes sémantiques. Pour les problèmes de multi-contexte, nous procédons à une modélisation multi-contextuelle des besoins. Afin de remédier à ces problèmes et assister les futurs utilisateurs à l'expression de leurs besoins, nous combinons l'ontologie et la multitude de contextes.

C'est à partir des années quatre-vingt-dix que les ontologies sont devenues l'une des plus importantes orientations de recherche, notamment dans l'ingénierie des connaissances, les systèmes distribués, le Web sémantique, la médecine, etc. Une ontologie peut être décrite comme une spécification explicite d'une conceptualisation [Gruber 93 c]. Cette dernière permet d'identifier, par un processus d'abstraction, les concepts essentiels d'un domaine. La spécification rend explicite la sémantique ou le sens associé aux termes [Leclerq 00]. Les ontologies comportent des concepts, des instances, des liens entre concepts, et des axiomes. Ces composants sont employés pour modéliser explicitement les phénomènes du monde réel d'un domaine spécifique.

La question qui se pose est donc comment exploiter l'ontologie pour prendre en compte la variation de profils d'utilisateurs et de contextes dans un domaine donné pour spécifier leurs besoins. Les ontologies sont prévues pour fournir une compréhension généralement partagée par plusieurs communautés d'utilisateurs. Ces postulats nous amènent à prendre en compte ces aspects pour avoir une ontologie qui supporte la multitude de contextes et pour pouvoir s'adapter aux différentes situations. Les concepts dans une ontologie possèdent une seule représentation modélisée dans un seul contexte. Les différentes représentations d'un même concept (entité) existent en raison de divers mécanismes d'abstraction et de représentation : de la diversité des points de vue, du niveau de détail et d'intérêt de l'utilisateur. D'où la notion de multi-représentation couramment utilisée dans les bases de données spatiales et dans les systèmes d'information géographiques (SIG).

Selon [Cullot 03], l'information peut être une entité sujette à différentes représentations selon le contexte dans lequel elle est considérée. La représentation multiple consiste, selon [Kilpeläinen 00], à conserver, au sein d'une même base de données, différentes représentations d'un même objet. Beaucoup de recherches montrent que la sémantique est dépendante du contexte dans lequel les concepts sont employés. Par conséquent, l'ontologie devrait fournir des structures de données contextuelles pour représenter la diversité des perceptions et des centres d'intérêt. En plus, les ontologies jouent un rôle essentiel dans l'interopérabilité sémantique des systèmes d'information. Mais cette interopérabilité sémantique n'est pas facile à réaliser car la connaissance peut être décrite par plusieurs termes en utilisant des suppositions et des structures de données différentes. De ce fait, les ontologies de multi-représentation (OMR) peuvent réaliser cette intégration. Ce type d'ontologie admet cet aspect de flexibilité pour supporter les différents contextes des utilisateurs lors de l'étape SB d'un SI donné.

Le cadre général de nos travaux de thèse est de s'orienter vers les mécanismes de multi-représentation rencontrés lors de la SB utilisateurs pour les adapter aux différents contextes. Lors de cette étape, la notion de multi-représentation prend toute sa dimension. En effet, chaque utilisateur, admettant un contexte particulier, peut spécifier ses besoins différemment. Cette multitude d'interprétations possibles d'un même besoin s'avère gênante, en particulier, dans le cas d'un travail de conception collaboratif. Nous pensons donc qu'une modélisation multi-contextuelle des besoins peut apporter un remède à ces problèmes. De plus, l'OMR peut assister les futurs utilisateurs dans l'expression de leurs besoins. L'objectif de cette thèse est de proposer une méthode de spécification contextuelle des besoins utilisateurs en utilisant une OMR. Cette dernière permet d'assister, par la suite, les utilisateurs à spécifier leurs besoins multi-contexte dans différents contextes et avec différentes représentations.

Nos travaux de thèse s'articulent autour de cette problématique. Il s'agit précisément de proposer une approche de mise en œuvre d'une ontologie pour la spécification des besoins multi-contextes. Ainsi, l'enjeu réside dans le fait d'assister l'utilisateur à spécifier ses besoins accordés à différents contextes et spécifiés selon des techniques distinctes. Nous visons à résoudre quelques uns de ces problèmes. Pour cela, nous envisageons de couvrir l'étape de spécification des besoins tout en impliquant les utilisateurs à exprimer leurs besoins et les analystes à spécifier ces besoins.

2. NOTRE PROPOSITION : APERÇU

L'objectif premier de cette thèse est donc de résoudre quelques unes des insuffisances recensées durant l'étape de spécification des besoins. Nous commençons, dans un premier volet, par couvrir l'étape de SB d'un système en proposant une ontologie afin de surmonter la multitude de contextes et de représentations tout en impliquant les utilisateurs à exprimer leurs besoins. La mise en relief de cette ontologie passe par un ensemble d'étapes. Ces dernières débutent par une acquisition des besoins accordés à divers contextes en utilisant différentes techniques de SB. Elles passent, ensuite, à l'extraction des concepts pertinents afin de les comparer et d'étendre l'ontologie initiale. Elles arrivent, finalement, à l'assistance de l'utilisateur et l'analyste pour spécifier les besoins. Dans un deuxième volet, nous proposons une formalisation de l'ontologie de multi-représentation pour la SB. Dans un troisième volet, nous mettons en œuvre l'ontologie proposée à travers un atelier de génie logiciel en proposant un prototype pour la SB. Néanmoins, l'assistance de l'utilisateur se voit toujours primordiale pour ce type de projet.

Plus précisément, le principal objectif de notre travail consiste à proposer une approche d'aide à la SB en partant des besoins exprimés par l'utilisateur et en tenant compte la multitude de représentations et de contextes. Ainsi, l'approche proposée est constituée de cinq étapes :

- La première étape est l'acquisition des besoins qui consiste à acquérir les besoins exprimés par les utilisateurs d'un domaine donné sous différentes formes de représentations qui peuvent être informelles ou semi-formelles ou formelles.
- La deuxième étape définit le prétraitement de ces besoins nécessitant une conversion des besoins dans un modèle pivot.
- La troisième étape est consacrée à une extraction des concepts à partir des besoins spécifiés.
- La quatrième étape révèle une comparaison des besoins acquis avec les besoins existants dans l'ontologie.
- La cinquième étape consiste en une extension de l'ontologie.

3. ORGANISATION DU MEMOIRE DE LA THESE

Cette thèse est organisée en deux parties. Une première partie se concentre sur le contexte global de nos travaux. La deuxième détaille nos contributions.

Dans la première partie, nous évoquons le contexte de nos travaux en deux chapitres. Le chapitre 1 présente un panorama des principaux concepts liés à l'ingénierie des systèmes et les ontologies. Le chapitre 2 est consacré à un état de l'art sur le contexte et le couplage entre ontologie et contexte. Nous y détaillons les principaux travaux proposés dans la littérature et qui sont relatifs à notre problématique.

La deuxième partie de cette thèse, renferme nos contributions et s'articule autour de trois chapitres. Le chapitre 3 présente l'approche proposée, le chapitre 4 détaille la modélisation et la formalisation de l'ontologie et le chapitre 5 présente la validation de nos propositions à travers la réalisation d'un prototype.

Le chapitre 3 présente la modélisation de l'OMR en une couche noyau et une couche contextuelle ainsi que l'intégration de l'aspect contextuel des besoins. Ensuite, il donne une vue d'ensemble de notre proposition pour la mise en œuvre d'une ontologie de multi-représentation pour la spécification des besoins multi-contextes.

Le chapitre 4 développe les étapes de l'approche proposée en déterminant des règles de transformation et de correspondance des modèles de spécification de besoins avec l'ontologie. Afin de préciser sa sémantique, nous formalisons l'OMR avec la logique de description. Ensuite, une visualisation de l'ontologie proposée est envisagée.

Le chapitre 5 montre la faisabilité de nos propositions à travers la réalisation d'un prototype.

Nous dressons, à la fin de cette thèse, un bilan de nos travaux et lançons les perspectives de recherche envisagées.

En outre, pour faciliter la lecture du présent rapport, plusieurs détails ont été présentés dans trois annexes. L'annexe 1 expose quelques spécifications des besoins utilisées dans la construction de l'ontologie pour un domaine précis (*e-learning*). L'annexe 2 présente l'OMR proposée en OWL. Enfin, l'annexe 3 présente une formalisation complète de l'OMR avec la Logique de Description étendue.

PARTIE I

ETAT DE L'ART

CHAPITRE I : INGENIERIE DES SYSTEMES ET ONTOLOGIES

1. INTRODUCTION

L'expression des besoins pour un système d'information (SI) est reconnue depuis de nombreuses années comme un réel problème. Elle comporte plusieurs processus consistant à identifier les besoins de l'utilisateur, les analyser, les documenter et les satisfaire. Elle conduit à une meilleure compréhension du problème et inclut des étapes de négociation avec l'utilisateur, pour clarifier ses besoins, détecter d'éventuelles incohérences, évaluer les propositions et choisir parmi différentes alternatives. Les besoins d'un système appartiennent à des domaines très vastes et concernent des aspects différents. Il existe plusieurs techniques pour organiser ces besoins et pour faciliter leur exploitation. Les ontologies sont parmi les techniques d'organisation et de représentation des connaissances tirées des besoins utilisateurs. C'est à partir des années quatre-vingt-dix que les ontologies sont devenues l'un des plus importants domaines de recherche ; ceci est du à leurs apports dans les systèmes distribués, le Web sémantique, l'ingénierie des connaissances, etc. Aujourd'hui, elles deviennent indispensables pour plusieurs entreprises et institutions gouvernementales.

Nous entamons ce chapitre par une étude sur l'ingénierie des systèmes en particulier l'étape de spécification des besoins. Une étude sur les ontologies sera consacrée dans la deuxième partie.

2. INGENIERIE DES SYSTEMES

La norme IEEE 1220[1] définit l'ingénierie des systèmes (IS) comme étant une approche collaborative interdisciplinaire pour le développement progressif et la vérification d'une solution harmonieuse satisfaisant les attentes des utilisateurs et acceptable pour l'environnement. L'IS est en somme l'art de répondre techniquement aux attentes des utilisateurs (les besoins) en spécifiant les propriétés attendues du système d'un point de vue métier ou technique (exigences).

Selon l'AFIS[2], l'ingénierie des besoins est une démarche méthodologique générale qui englobe l'ensemble des activités adéquates pour concevoir, vérifier et faire évoluer un système apportant une solution économique et performante aux besoins d'un client tout en satisfaisant l'ensemble des parties prenantes. Plus précisément, l'IS peut se définir comme un processus coopératif et interdisciplinaire de résolution de problèmes et une satisfaction des attentes et des contraintes de l'ensemble de leurs parties prenantes. Afin de réaliser ce processus, il est nécessaire de bien cerner les besoins exprimés par les clients pour concevoir un système répondant aux exigences demandées. La branche de l'ingénierie des besoins traite parfaitement la notion de besoin et les différentes techniques pour les spécifier et les identifier à partir des exigences des utilisateurs du futur système à concevoir.

Dans cette section, nous présentons, au premier abord, l'ingénierie des besoins puis nous présentons l'étape de spécification des besoins ainsi que ses techniques. Nous passons en revue, à la fin de cette section, quelques problèmes majeurs qui peuvent émerger lors de cette étape et quelques solutions proposées.

2.1. Ingénierie des besoins

La notion de besoin est définie comme «*Nécessité ou désir éprouvé par un utilisateur*», alors qu'une exigence est «une propriété ou une capacité demandée par un client, pour résoudre un problème ou réaliser un objectif, et

---

[1] Norme IEEE 1220 : Standard for application and Management of the Systems Engineering Process, Issue du standard militaire MIL STD 499B, Janvier 1999
[2] AFIS : *Association Française d'Ingénierie Système*, www.afis.fr/praout/ingsys/ ingsys.htm

qui doit être satisfaite par un système pour respecter une norme ou un contrat» [Jacobson 93].

Selon [Essamé 04], définir des besoins c'est définir le système du point de vue de ses utilisateurs, alors que définir des exigences c'est définir le système du point de vue de ses concepteurs. Les besoins sont exprimés en termes de phénomènes du monde réel ou objets partagés par le système et son environnement, avec un vocabulaire accessible aux utilisateurs [Jackson 01].

Dès le début des années 90, l'Ingénierie des Besoins (IB) ou (*Requirement Engineering*) a été définie comme étant la branche de l'Ingénierie des Systèmes. Elle est considérée comme une démarche globale qui englobe plusieurs tâches, visant une meilleure adéquation du produit final aux besoins des utilisateurs, dont le principal objectif est de déterminer les services qu'un système doit offrir et les contraintes sous lesquelles il doit fonctionner. L'ingénierie des besoins s'intéresse aussi à l'influence mutuelle entre ces facteurs et les spécifications du comportement des systèmes ainsi qu'à leur évolution dans le temps [Zave 94]. Cette définition met l'accent sur l'importance des objectifs concrets qui sont à l'origine du développement du système. L'IB est l'une des méthodes qui permet de minimiser le risque d'inadéquation du produit ou du service aux attentes des clients [Jérôme 00]. Selon [Rolland 01] «*L'ingénierie des besoins est l'activité qui transforme une idée floue en une spécification précise de besoins, souhaits, exigences exprimés par une communauté d'usagers et donc définit la relation existante entre un système et son environnement* ».

L'IB a lieu tout au long du cycle de vie d'un système (de la vision initiale à la préparation du développement de ses successeurs, en passant par la conception, le développement, la validation, etc.). Parmi les tâches les plus importantes de l'ingénierie des besoins nous citons la spécification des besoins. Cette tâche est développée dans la sous section suivante.

2.2. Spécification des besoins utilisateurs

Spécifier quelque chose est le fait de la déterminer et l'exprimer d'une manière précise. Tout produit complexe à construire doit d'abord être spécifié. La spécification peut être considérée comme un contrat entre un client et un producteur [Lonchamp 03]. Elle concerne les caractéristiques attendues (exigences fonctionnelles et non fonctionnelles), intervenant pendant la phase d'analyse des besoins et se rédigent, enfin, en langage naturel. D'une manière générale et selon [Tudor 05], une spécification décrit les caractéristiques attendues (*le quoi*) d'une implantation (*le comment*). Aujourd'hui, le «*quoi*» et le «*comment*» sont complétés par le « *pourquoi* » [Contini 02].

La suite de cette sous section comporte un survol sur quelques techniques de spécification des besoins ainsi que les problèmes qui peuvent y émerger.

2.2.1. Techniques de spécification des besoins utilisateurs

Il existe trois types de techniques de Spécification des Besoins (SB), à savoir, les techniques informelles, les techniques semi-formelles et les techniques formelles.

2.2.1.1. Techniques informelles

Plusieurs techniques informelles, qui sont généralement textuelles, existent pour recueillir, formuler et négocier les besoins. Ces derniers peuvent s'utiliser seuls, ou se conjuguer, en fonction du domaine d'application, des typologies d'utilisateurs, de la spécificité de l'application ou du produit à développer. De ces techniques, aucune ne peut être considérée la meilleure. Chacune a son utilité en fonction du métier, du profil et du niveau de maturation de l'utilisateur dans l'élaboration des besoins. Parmi ces techniques, nous citons :

- Le questionnaire permet de recueillir rapidement les avis de plusieurs personnes sur un certain nombre de points. Il est utile pour l'obtention des données factuelles et des opinions sur des points précis.

- L'interview est la technique la plus courante et la plus directe pour découvrir les besoins. Malgré sa simplicité apparente, la technique d'interview est un art difficile demandant une certaine expérience et un réel savoir-faire.

- Le cahier des charges constitue un élément central pour l'élaboration des besoins d'un système. Il est considéré comme un document contractuel décrivant ce qui est attendu du maître d'œuvre (concepteur) par le maître d'ouvrage (utilisateur).

2.2.1.2. Techniques semi-formelles

Il existe plusieurs techniques semi-formelles comme KAOS (Knowledge Acquisition in autOmated Specification), diagramme des cas d'utilisation, CREWS L'Ecritoire, LSC (Live Sequence Charts), URN (User Requirements Notation), etc. Nous nous contentons de présenter trois : *Diagramme de Cas d'Utilisation, CREWS l'Ecritoire et Live Sequence Charts.*

Diagramme de Cas d'Utilisation (Use Cases Diagram). En ingénierie des systèmes, un cas d'utilisation est un moyen pour décrire les exigences fonctionnelles d'un système. D'après [Jacobson 02], «*Un cas d'utilisation est une description d'un ensemble de séquences d'actions, incluant des variantes, qu'un système effectue pour fournir un résultat observable et ayant une valeur pour un acteur.*». Chaque cas d'utilisation contient un ou plusieurs scénarios qui définissent comment le système devrait interagir avec les utilisateurs (appelés acteurs) pour atteindre un but ou une fonction spécifique d'un travail. Un acteur d'un cas d'utilisation peut être un humain ou un autre système externe à celui que l'on tente de définir. Les cas d'utilisation évitent tout jargon technique et essayent au contraire d'adopter le langage de l'utilisateur final ou de l'expert du domaine. Les cas d'utilisation sont souvent spécifiés à la fois par les analystes et les utilisateurs finaux ou experts.

CREWS L'Ecritoire. C'est une technique basée sur le couplage entre buts et scénarios où le scénario décrit comment le but peut être atteint. Cette technique vise à guider la découverte ou l'identification des besoins à travers un couplage bidirectionnel des buts et des scénarios supportant la transition des buts aux scénarios et vice-versa [Rolland 98]. CREWS L'Ecritoire est destinée à la découverte des besoins d'un système d'information sous forme de buts.

Live Sequence Charts (LSCs). Cette technique a été proposée par [Dammand 99]. Les LSCs sont adaptées à l'expression des besoins sous forme de fragments. Elles proposent une description graphique synthétique et lisible. Elles ont une expressivité proche des MSC (Message Sequence Charts) [ITU 96] et les diagrammes de séquence d'UML. Les LSCs se composent de trois couches : Basic Charts (briques de base), Iterative Charts (constructions de haut niveau) et Live Sequence Charts (modalité d'obligation). Ce langage permet de résoudre deux problèmes : d'une part, supprimer les incohérences et les ambiguïtés du langage naturel, d'autre part, spécifier le statut de chaque scénario défini, ce qui leur donne un pouvoir expressif des besoins plus important [Bontemps 02].

2.2.1.3. Techniques formelles

Il n'existe pas de technique formelle conçue spécialement pour la phase de SB. Ces techniques sont utiles tout au long du cycle de vie d'un système. Nous pouvons citer la méthode B [Abrial 96] qui est une amélioration de la méthode Z selon ISO/IEC 13568[3]. La méthode B est à la fois un langage et une méthode de spécification formelle. Elle a l'avantage de couvrir toutes les phases du cycle de conception, depuis l'analyse des besoins jusqu'à l'implémentation finale. Elle est de plus bien outillée [Gervais

---

[3] ISO/IEC 13568. Information Technology|Z Formal Speci_cation Notation| Syntax, Type System and Semantics. Prentice-Hall International series in computer science. ISO/IEC, _rst edition, 2002

04]. La méthode EB3 (Entity-Based Black-Box) [Gervais 04], qui a été spécialement développée pour la spécification des SI, s'inspire des approches basées sur les événements tout en simplifiant leur sémantique et leur utilisation. Le langage EB3 est, de plus, orienté vers les traces d'événements ce qui rend les propriétés d'ordonnancement ou de sûreté plus explicites. Cette méthode est également outillée avec un interpréteur d'expressions EB3 qui permet de générer automatiquement des systèmes d'information à partir d'une spécification EB3 valide.

2.2.2. Problèmes relatifs à la spécification des besoins

La SB est une étape très importante pour la garantie d'un système consistant et durable. Toutefois, elle peut engendrer des problèmes vis-à-vis l'utilisateur. Parmi eux, nous citons quelques uns :

- Les utilisateurs ne savent pas ce qu'ils veulent.

- Les utilisateurs ne veulent pas s'engager à écrire leurs exigences.

- Les utilisateurs insistent sur de nouvelles exigences après que le coût et le calendrier ont été fixés.

- La communication avec les utilisateurs est lente.

- Les utilisateurs manquent de compétence technique.

- Les utilisateurs ne comprennent pas le processus de développement.

Les besoins spécifiés doivent passer par un ensemble de vérifications à savoir [Régis-Gianas 07] :

- La vérification de la validité : une fois les besoins explicités, il se peut qu'un utilisateur revienne sur ses déclarations et réexprime ses besoins différemment.

- La vérification de la cohérence : les besoins exprimés ne doivent pas être contradictoires.

- La vérification de la complétude : la spécification des besoins doit, tant que possible, contenir la totalité des besoins.

- La vérification du réalisme : Il faut vérifier que les besoins peuvent être effectivement satisfaits à l'aide de la technologie existante et en respectant le budget et les délais.

Les problèmes possibles pendant l'étape de spécification des besoins sont nombreux. Nous présentons quelques-uns :

- Omission : un ou plusieurs besoins qui devraient être spécifiés sont inexistants.

- Incohérence : la spécification d'un besoin est en désaccord avec le besoin exprimé.

- Ambiguïté : la spécification d'un besoin n'est pas claire, et pourrait causer une mauvaise interprétation ou compréhension du sens de ce besoin.
- Coût élevé et temps énorme consacrés à cette étape.
- Mauvaise collecte et mal compréhension d'un besoin.
- Méconnaissance des utilisateurs des possibilités et des contraintes des systèmes proposés.
- Volatilité des besoins.
- Evolution des besoins au cours du temps.
- Multi-représentation des besoins.
- Multitude de contextes des besoins spécifiés.
- etc.

Ces conflits peuvent compliquer considérablement la réalisation d'un tel système collaboratif. Les problèmes de multitude de représentations et de contextes ont motivé la recherche de solution afin d'assister les futurs utilisateurs à spécifier leurs besoins.

Il existe quelques solutions évoquées, dans la littérature, pour surmonter les problèmes de multi-représentation et la multitude de contextes. Ce type de problème a été, initialement, apparus dans le domaine des bases de données. Nous présentons brièvement quelques solutions proposées pour les résoudre.

2.2.2.1. Solution à base de vues

La notion de vue est initialement conçue pour résoudre le problème de multitude de contexte et/ou de point de vue dans les bases de données. Une vue utilisateur permet de décrire des schémas externes qui donnent la définition de sous-schémas personnalisés du schéma d'origine [Claramunt 98]. Les besoins utilisateurs sont accordés à différents contextes et la notion de vue peut résoudre cette multitude de contextes et / ou de points de vue. Les vues permettent la représentation des données selon différents points de vue et en fonction d'objectifs spécifiques à diverses applications. Les opérations de mise à jour ne sont pas toutes applicables sur les vues.

2.2.2.2. Solution à base de rôles

Le concept rôle a été utilisé pour modéliser les différentes facettes ou aspects d'une entité [Papazoglou 97]. L'exemple classique d'une entité avec plusieurs rôles est celui d'une entité qui passe d'un état à l'autre (étudiant, fonctionnaire, directeur, etc.). Chaque rôle correspond à une facette de l'entité réelle. L'entité est alors représentée par une structure commune qui est complétée par des informations relatives à ses différentes facettes [Gentile 96]. La notion de rôle offre donc une solution pour le support de la multi-représentation. En effet, elle permet à chaque entité réelle d'être représentée par un ensemble d'objets ou instances appartenant à différentes classes qui correspondent aux rôles de l'entité. Toutefois, cette notion est très peu utilisée parce que, jusqu'à maintenant, il n'existe pas une normalisation de ce concept.

2.2.2.3. Solution à base d'ontologies

La solution à base d'ontologies est survenue en particulier pour assurer l'interopérabilité et la coopération sémantique entre les différentes représentations du système. Plusieurs ontologies ont été définies pour spécifier un système hétérogène admettant des perceptions multiples [Benslimane 06]. Ces ontologies définissent un concept par un ensemble de propriétés, d'opérations et de liens structurels et sémantiques avec les autres concepts du domaine concerné.

Les solutions proposées aux problèmes relatifs à la SB sont peu nombreux mais la solution à base d'ontologies est sollicitée. Dans notre travail, nous nous intéressons aux ontologies afin de surmonter quelques problèmes dégagés lors de la SB. La section suivante sera consacrée à un survol de l'état d'art sur les ontologies.

3. ONTOLOGIE

Il existe plusieurs définitions du concept « ontologie ». C'est à [Gruber 93 a], que nous devons la définition la plus citée dans la littérature : *"une ontologie est une spécification explicite d'une conceptualisation"*. Cette définition doit être mise dans son contexte. Tout d'abord, Gruber, fait une nette séparation entre l'ontologie, discipline philosophique, qui traite des questions de l'être en général, et l'ontologie d'un point de vue informatique, et spécialement en intelligence artificielle, où ce qui existe est ce qui est représenté. En ce qui concerne la conceptualisation, Gruber la définit comme objets, concepts et autres entités. Elle s'appuie sur deux dimensions. Pour la conceptualisation d'un domaine, c'est un choix quant à la manière de décrire un domaine. Quant à la spécification de cette conceptualisation, elle représente sa description formelle. C'est une base de formalisation des connaissances. Elle se situe à un certain niveau d'abstraction et dans un contexte particulier.

Selon [Gruber 93 b], une ontologie doit obéir à certains critères : (i) la clarté : une ontologie doit effectivement communiquer le sens voulu des termes définis, (ii) la cohérence : les définitions, les règles et les relations définies entre les concepts ne doivent pas être contradictoires, (iii) l'extensibilité : l'ontologie doit être conçue pour anticiper l'usage du vocabulaire partagé et (iv) l'engagement ontologique minimal : la conceptualisation ne doit pas être poussée à l'extrême, afin que l'ontologie puisse être spécialisée par différents utilisateurs.

Selon [Corby 04], une ontologie est considérée comme *un composant réutilisable qui se base sur la généralité et l'abstraction*. Elle est partageable et peut être utilisée comme un consensus, une standardisation ou un accord sur la conceptualisation partagée. Cette dernière est appelée engagement ontologique. Elle doit aussi être indépendante par rapport à une tâche ou à un problème précis mais utilisable pour différentes tâches tels que la conception, le diagnostic, la maintenance, la recherche d'information, etc. Une ontologie, selon [Gorby 04], est une formalisation pour enlever les ambiguïtés.

De ces définitions, nous admettons qu'une ontologie est définie comme une spécification explicite d'une conceptualisation d'un domaine. La conceptualisation permet d'identifier par un processus d'abstraction les concepts essentiels d'un domaine. La spécification rend explicite le sens associé aux instances des concepts (termes).

Chaque ontologie possède ses spécificités. Ces dernières peuvent être identifiées selon quatre points. D'abord, la modélisation des informations et de leurs sémantiques nécessite des modèles suffisamment riches. Ensuite, le raisonnement est nécessaire pour être capable d'inférer, classer des informations, et vérifier la cohérence des descriptions. Troisièmement, les instances pour la gestion des données sont générées si l'ontologie en comporte. Finalement, les requêtes sont utilisées pour interroger l'ontologie aussi bien au niveau des instances qu'au niveau du schéma.

La suite de cette section portera sur les caractéristiques des ontologies. Par la suite, nous passons à une comparaison entre ontologie, terminologie, thésaurus et modèle conceptuel. Enfin, nous abordons quelques langages, modèles et outils de construction d'ontologies.

3.1. Caractéristiques des ontologies

Une ontologie, selon [Pierra 08], peut avoir les caractéristiques suivantes : (i) conceptuelle où chaque entrée est un concept unique et les mots qui apparaissent dans sa description ne font qu'en préciser le sens, (ii) multilingue où chaque entrée est associée à un code qui constitue un identifiant universel permettant de désigner le concept correspondant (les aspects textuels de la description peuvent apparaître dans un nombre quelconque de langues), (iii) formelle où l'ontologie est définie dans un langage formel de spécification de données, (iv) modulaire où l'ontologie peut référencer une autre ontologie pour en importer des catégories et/ou des propriétés sans avoir besoin de les dupliquer et (v) multi-représentation, une fois définie, un concept peut être associé à un nombre illimité de représentations. Le point de vue qui caractérise chaque représentation est également un concept représentable dans l'ontologie.

Les objectifs des terminologies et de chaque modèle d'ontologie peuvent différer mais ces modèles sont basés sur les mêmes notions. Ces notions sont les suivantes.

– Concepts (ou classes, ou entités) : ils représentent des groupes d'individus partageant les mêmes caractéristiques. Ils correspondent aux entités "génériques" d'un domaine d'application. Les concepts d'une ontologie sont organisés hiérarchiquement par une relation d'ordre partiel qui est la relation de subsomption permettant d'organiser sémantiquement les concepts selon le niveau de généralité. Les concepts définis dans une ontologie peuvent être classés en deux catégories [Gruber 93 c] : (i) les concepts primitifs dont l'ontologie ne fournit pas les définitions complètes mais elle fournit seulement des conditions nécessaires d'appartenance d'une instance. Leurs définitions complètes s'appuient sur une documentation textuelle et un savoir préexistant partagé par le lecteur ; (ii) les concepts définis dont les conditions nécessaires et suffisantes de reconnaissance en termes de concepts primitifs sont fournis.

– Propriétés (ou rôles ou attributs ou associations) : elles permettent de décrire et de caractériser des instances appartenant à une (ou plusieurs) classe(s) de l'ontologie par des valeurs d'éléments caractéristiques ou des associations avec d'autres concepts. Une ontologie conceptuelle n'est pas seulement l'identification et la classification des concepts (comme dans une ontologie linguistique), mais aussi la représentation des caractéristiques qui leur sont attachées. Les propriétés peuvent être évaluées soit dans un domaine de valeur simple, soit dans une autre classe décrivant alors ce qui est également appelé une association.

– Relations : elles constituent des types d'associations prédéfinis entre les concepts. La relation commune qui est supportée par n'importe quel représentation d'ontologie est *la subsomption*. Elle organise les concepts en une hiérarchie, où tout concept se compose d'une description propre définie par des propriétés *locales* et d'une description *partagée* avec ses subsumants comme c'est le cas entre classes dans un langage à objets [Napoli 97]. La relation de subsomption est *transitive* (c'est-à-dire si $C1$ subsume $C2$ et $C2$ subsume $C3$ alors $C1$ subsume $C3$), *réflexive* ($C1$ subsume $C1$), et *antisymétrique* (si $C1$ subsume $C2$ et $C2$ subsume $C1$, alors $C1 = C2$).

– Instances (ou individus ou objets) : elles représentent des individus du domaine de l'ontologie.

– Axiomes : ils explicitent les énoncés conceptuels toujours vrais dans le contexte de l'ontologie. Ils peuvent être utilisés pour contrôler la correction des concepts ou des relations, ou pour déduire de nouveaux faits.

Toutes ces entités ontologiques, c'est-à-dire les concepts, les propriétés, les relations, les instances et les axiomes doivent être définis explicitement à l'aide d'un langage ou d'un modèle ayant une sémantique précisément définie. Cette sémantique peut être plus ou moins formelle, le degré de formalisation dépendant du but des applications qui utilisent l'ontologie.

3.2. Ontologie versus terminologie, thésaurus et modèle conceptuel

Il y a une grande similarité entre ontologies et terminologies : toutes les deux présentent un panorama d'un domaine de connaissance. Cette représentation du domaine est constituée d'une liste de concepts pertinents, des termes qui sont utilisés pour les désigner, de leur définition et de liens (explicites ou implicites) qui permettent de les positionner les uns par rapport aux autres. La principale différence entre ontologie et terminologie réside dans le fait que dans une terminologie, les définitions des concepts sont rédigées en langue naturelle, tandis que dans une ontologie, elles sont le plus souvent formalisées, de manière à permettre des traitements automatiques. Il faut cependant noter que les représentations utilisées pour spécifier les ontologies ne sont pas faciles à maîtriser pour des non-spécialistes de l'ingénierie des connaissances [Falquet 01].

Il existe des ontologies de type thesaurus. On peut considérer ce type d'ontologie comme la première génération d'ontologies [Zacklad 07]. Elles (aussi appelées taxonomiques) visent à définir des termes pour fournir un vocabulaire de référence pour harmoniser les noms désignant des données dans différentes applications. Les termes sont organisés en hiérarchies de généralisation/spécialisation, des relations de synonymie, de composition, etc., peuvent être spécifiées. Wordnet[4] est sans doute la plus représentative des ontologies de type thesaurus. Elle fournit un ensemble de définitions de termes, structurées en arborescence et des relations entre eux. Elles sont essentiellement utilisées de façon exploratoire pour apporter une compréhension commune d'un vocabulaire. La modélisation à base ontologique est souvent utilisée dans l'ingénierie [Aït Ameur 07]. Néanmoins, les besoins de modélisation et de partage d'informations plus complexes ont conduit à une évolution des ontologies vers des modèles plus riches.

---

[4] http://www.irit.fr/RFIEC/wordnet/wordnet.htm

En conséquence, les ontologies et les modèles conceptuels forment à la fois des similitudes et des différences [Spyns 02]. Partant de similitude, comme les modèles conceptuels (MC), les ontologies conceptualisent l'univers du discours au moyen de classes associées à des propriétés et hiérarchisées par des liens de *subsomption*. Les principes de base de la modélisation sont similaires. En ce qui concerne les différences, on peut en identifier cinq :

– *Objectif de modélisation* : Alors que, les MCs *prescrivent* l'information qu'ils représentent dans un système informatique particulier, les ontologies *décrivent* les concepts d'un domaine de toutes les applications des systèmes informatiques particuliers dans lesquels l'ontologie pourrait être utilisée.

– *Identification des concepts* : les classes et les propriétés définies dans les ontologies sont associées à des *identifiants*, ce qui leur permet d'être référencées à partir de n'importe quel format ou modèle indépendamment de leur structure. Au contraire, la conceptualisation effectuée dans un MC ne peut pas être réutilisée à l'extérieur et indépendamment de ce MC.

– *Raisonnement* : le caractère *formel* des ontologies permet d'appliquer aux ontologies des opérations de raisonnement [Baader 03] soit pour vérifier la cohérence des informations, soit pour en déduire l'information. Par exemple dans la plupart des modèles d'ontologies (OWL, PLIB, etc.), pour une ontologie et une classe données, on peut calculer : (1) toutes ses super-classes (directes ou non), (2) ses sous-classes (directes ou non), (3) ses propriétés caractéristiques (héritées ou locales), (4) toutes ses instances (polymorphes ou locales), etc.

– *Consensualité* : les ontologies, étant par définition consensuelles, cela suppose donc que les concepts qu'elles décrivent ont fait l'objet d'un consensus par des acteurs d'une ou de plusieurs "communautés". Elles permettent la spécification de connaissances agréées et partageables par une communauté de personnes. Ce partage nécessite la représentation de la sémantique des informations afin de les rendre compréhensibles à une communauté d'utilisateurs relativement à un domaine ou à une activité.

– *Souplesse de description* : les ontologies offrent une certaine souplesse par rapport aux modèles conceptuels dans la description des instances des concepts. On peut noter le fait que les instances des classes d'une ontologie n'ont pas forcément la même structure, elles peuvent ne pas initialiser les mêmes propriétés. Cette souplesse a pour conséquence de rendre les ontologies beaucoup plus simples à utiliser pour des échanges ou pour des intégrations de systèmes d'information [Bellatreche 06].

3.3. Typologie des ontologies

Les ontologies peuvent être classées selon plusieurs niveaux. Nous les classifions selon l'objet de conceptualisation, selon la catégorisation et selon le type d'informations manipulées.

3.3.1. Classification selon la conceptualisation

En ce qui concerne l'objet de conceptualisation, les types d'ontologie sont : les ontologies de haut-niveau, les ontologies de domaine, les ontologies de tâches et les ontologies d'application [Teulier 05].

- Les ontologies de haut-niveau décrivent des concepts de haut niveau de granularité comme le temps, l'espace, la causalité, le processus, l'événement et le comportement.

- Les ontologies de domaine décrivent le vocabulaire spécifique à un domaine particulier comme la médecine ou la géographie. D'ailleurs la majorité des ontologies existantes sont des ontologies de domaine.

- Les ontologies de tâches décrivent le vocabulaire spécifique à une tâche ou à une activité comme le diagnostic ou la planification.

- Les ontologies de domaine-tâche sont des ontologies de tâches réutilisables dans un domaine précis.

- Les ontologies d'application sont généralement spécifiques à une application. Elles contiennent suffisamment des connaissances pour structurer un domaine particulier. Selon [Guarino 98], ce type d'ontologie décrit des concepts qui dépendent à la fois d'un domaine particulier et d'une tâche aussi particulière. Elles sont souvent des spécialisations à la fois des ontologies de domaine et des ontologies de tâches et correspondent aux rôles joués par les entités de domaine lorsqu'elles effectuent certaines activités.

3.3.2. Classification selon la catégorie

Les concepts d'un domaine sont associés à un vocabulaire de termes pour chaque langue naturelle. De nombreuses ontologies définissent des mots bien plus que des concepts. Cette constatation permet de classer les ontologies en deux catégories selon [Pierra 03] à savoir les ontologies linguistiques et les ontologies conceptuelles.

Les ontologies linguistiques définissent le sens des mots utilisés sur un domaine d'étude. Ces mots sont essentiellement liés par des relations linguistiques telles que la synonymie ou l'antonymie. Ils peuvent être introduits comme concepts primitifs ou définis. Le nombre de termes définis est généralement très important. Un exemple très connu d'une telle ontologie est Wordnet.

Les ontologies conceptuelles définissent uniquement des concepts primitifs et présentent une taille moins importante qu'une ontologie linguistique couvrant le même domaine. Un exemple d'une telle ontologie est l'IEC61360[5] qui définit les concepts du domaine des composants électriques. Le domaine d'étude est appréhendé au travers de concepts représentés par des classes et des propriétés. Les mots d'un langage naturel peuvent être associés mais ce ne sont pas eux qui définissent le sens des concepts. C'est l'ensemble des caractéristiques associées à un concept ainsi que ses liens avec les autres concepts qui en définissent le sens.

3.3.3. Classification selon le type d'information

Différents types d'ontologies peuvent être considérées selon leurs contenus et leurs utilisations telles que les ontologies de type thesaurus, les ontologies descriptives et les ontologies géographiques.

Pour les ontologies de type thesaurus, elles sont présentées dans la sous section 3.2.

Les ontologies descriptives vont au-delà de la définition de taxonomies et visent à modéliser un domaine ou une activité. Elles sont plus proches de la définition de schémas conceptuels de bases de données et s'attachent à modéliser les informations à l'aide de concepts et de relations sémantiquement riches. L'ontologie apporte alors une connaissance sur un domaine ou une activité qui peut être utilisée par un concepteur pour modéliser des applications particulières. Ces ontologies peuvent être utilisées comme un outil de compréhension des structures de données décrivant les concepts du domaine (dans ce cas elles peuvent ne pas posséder d'instances), ou bien, si elles possèdent des instances, elles peuvent être utilisées comme des bases de données, notamment en étant accessibles au public via le Web. De nombreux environnements ont été proposés pour modéliser, interroger et gérer des ontologies. On assiste à un challenge important qui est donc l'évolution des ontologies descriptives traditionnelles vers des ontologies permettant réellement de prendre en compte et gérer l'information géographique.

Les ontologies géographiques ont comme objectifs la modélisation des informations et leurs sémantiques qui nécessitent des modèles suffisamment

---

[5] IEC 61360-4, Standard data element types with associated classification scheme for electric components - Part 4: IEC reference collection of standard data element types, component classes and terms, 1997.

riches pour l'information géographique.

Toutes ces classifications ne diminuent en rien l'importance des ontologies. En effet, ces divergences d'avis ne sont dues qu'à l'importance, sans cesse croissante, accordée aux ontologies.

3.4. Langages de construction d'ontologies

Il existe plusieurs langages d'ontologies proposés dans la littérature comme Frame-Logic (F-logic), Resource Description Framework (RDF) /RDF Schéma [Manola 05], Darpa Agent Markup Language + Ontology Inference Layer (DAML+OIL) [Fensel 01], Logique de description (LD), Ontology Web Language (OWL), Context-OWL (C-OWL), etc. Dans cette section, nous passons en revue quelques langages, à savoir, RDF-RDFS, OWL et les LD.

3.4.1. Resource Description Framework (RDF) et RDF Schema

L'arrivée de XML, en 1998, a donné un cadre à la structuration des connaissances, rendant ainsi possible la création de nouveaux langages Web destinés non plus à un rendu graphique à l'écran pour un utilisateur humain, mais à un réel partage et à une manipulation des savoirs. C'est dans cet esprit qu'a été créé en 1999, RDF, un langage XML permettant de décrire des métadonnées et facilitant leur traitement. Le rôle de RDF est de fournir un langage compréhensible par tous les agents. Pour ce faire, RDF procède par une description des savoirs (comme métadonnées) à l'aide d'expressions de structure fixée. En effet, la structure fondamentale de toute expression en RDF est une collection de triplets, chacun composé d'un sujet, un prédicat et un objet. Un ensemble de triplets est appelé un graphe RDF. Ceci peut être illustré par un diagramme composé de nœuds et d'arcs dirigés, dans lequel chaque triplet est représenté par un nœud-arc-nœud.

Dans un graphe, chaque triplet représente l'existence d'une relation entre les choses symbolisées par les nœuds qui sont joints. Il est nécessaire, pour donner un sens aux informations stockées sous forme de triplets RDF, de se donner un vocabulaire, de définir la signification des propriétés, ainsi que leur type, leur champ de valeurs, etc. C'est le rôle de RDF Schema (RDFS), qui permet de créer des vocabulaires de métadonnées.

Selon [Lee 05], RDF et RDFS permettent de définir, sous forme de graphes de triplets, des données ou des métadonnées. Cependant, de nombreuses limitations bornent la capacité d'expression des connaissances établies à l'aide de RDF/RDFS. Nous pouvons citer, par exemple, l'impossibilité de raisonner et de mener des raisonnements automatisés sur les modèles de connaissances établis à l'aide de RDF/RDFS. C'est ce manque que se propose de combler OWL.

3.4.2. OWL : Ontology Web Language

OWL est, tout comme RDF, un langage XML profitant de l'universalité syntaxique de XML. Fondé sur la syntaxe de RDF/XML, OWL offre un moyen d'écrire des ontologies web. OWL se différencie du couple RDF/RDFS en ceci que, contrairement à RDF, il est justement un langage d'ontologies. Si RDF et RDFS apportent à l'utilisateur la capacité de décrire des classes (e.g : avec des constructeurs) et des propriétés, OWL intègre, en plus, des outils de comparaison des propriétés et des classes : identité, équivalence, contraire, cardinalité, symétrie, transitivité, disjonction, etc. Ainsi, OWL offre aux machines une plus grande capacité d'interprétation du contenu web que RDF et RDFS, grâce à un vocabulaire plus large et à une vraie sémantique formelle. Plus un outil est complet, plus il est, en général, complexe.

W3C[6] dote OWL de trois sous-langages offrant des capacités d'expression croissantes destinées à des communautés différentes d'utilisateurs à savoir OWL Lite, OWL DL et OWL Full .

OWL Lite est le sous langage d'OWL le plus simple. Il est destiné aux utilisateurs qui ont besoin d'une hiérarchie de concepts simple. OWL Lite est adapté, par exemple, aux migrations rapides depuis d'anciens thésaurus.

OWL DL (OWL Description Logics) est plus complexe qu'OWL Lite, permettant une expressivité bien plus importante. OWL DL est fondé sur la logique descriptive. Malgré sa complexité relative face à OWL Lite, OWL DL garantit la complétude des raisonnements (toutes les inférences sont calculables) et leur décidabilité (leur calcul se fait en une durée finie).

OWL Full est la version la plus complexe d'OWL, mais également celle qui permet le plus haut niveau d'expressivité. OWL Full est destiné aux situations où il est plus important d'avoir un haut niveau de capacité de description. OWL Full offre cependant des mécanismes intéressants, comme par exemple la possibilité d'étendre le vocabulaire par défaut d'OWL.

3.4.3. Logiques de Description

La logique de description (LD) se rapporte, d'une part, à la *description* de concepts utilisés pour décrire un domaine et, d'autre part, à la sémantique basée sur la *logique* qui peut être donnée par une transcription en logique des prédicats du premier ordre [Baader 03] [Nardi 03]. Ce langage est parmi les langages de modélisation des connaissances d'un domaine. Il existe

---

[6] Recommendation 10 February 2004 OWL Web Ontology Language Overview
http://www.w3.org/TR/owl-features

plusieurs extensions de la LD. Les LD permettent de représenter les connaissances relatives à un domaine de référence à l'aide de descriptions qui peuvent être des concepts (classes d'individus), des rôles (relations entre classes) et des individus. Les premiers travaux sur les LD ont débuté au début des années 1980 avec des systèmes à base de connaissances tels que KL-ONE, BACK et LOOM. La modélisation des connaissances d'un domaine avec les LD se réalise en deux niveaux. Le premier est terminologique ou TBox (*Terminolocal-Box*), qui décrit les connaissances générales d'un domaine, alors que le second est factuel ou ABox (*Assertion-Box*), qui représente une configuration précise. La représentation et la manipulation des concepts et les rôles relèvent du niveau terminologique. La description et la manipulation des individus relèvent du niveau factuel ou niveau des assertions. En d'autres termes, une TBox comprend la définition des concepts et des rôles. Une ABox décrit les individus en les nommant et en spécifiant en termes de concepts et de rôles, des assertions qui portent sur ces individus nommés. Plusieurs ABox peuvent être associés à une même TBox ; chacune représente une configuration constituée d'individus, et utilise les concepts et les rôles de la TBox pour l'exprimer.

Les entités de base qui sont définies et manipulées dans une LD sont les concepts et les rôles. Un concept dénote un ensemble d'individus alors qu'un rôle indique une relation binaire entre individus. Un concept possède une description structurée qui se construit à l'aide d'un ensemble de constructeurs introduisant les rôles associés au concept et les restrictions y attachées. Les restrictions portent généralement sur le co-domaine du rôle, qui est le concept avec lequel le rôle établit une relation, et la cardinalité du rôle, fixe le nombre minimal et maximal de valeurs élémentaires que peut prendre le rôle. Les concepts peuvent être primitifs ou définis. Les concepts primitifs sont comparables à des atomes et servent de base à la construction des concepts définis. À l'image d'un concept, un rôle peut être primitif ou défini et peut posséder une description structurée, où figurent les propriétés associées au rôle.

La logique minimale $\mathcal{AL}$ considérée parmi les premiers langages de description et introduite par Schmidt-Schaub et Smolka [Schmidt-Schaub 91], revêt une grande importance dans le domaine. Nous présentons la syntaxe (1) et la sémantique (2) de cette logique.

```
(1) C,D → A  (concept atomique)
    | T          (le concept universel)
    | ⊥          (le concept le plus spécifique)
    | ¬A         (la négation atomique)
    | C ∩ D      (l'intersection)
```

$\mid \exists R.T$ (quantification existentielle limitée)
$\mid \forall R.C$ (quantification universelle complète)

C et D sont des noms de concepts, A est un nom de concept primitif et R est un nom de rôle primitif. Les expressions construites grâce à une telle grammaire sont aussi appelées expressions conceptuelles. La syntaxe donnée est celle la plus utilisée dans la plupart des articles théoriques traitant des logiques de description. T dénote le concept le plus général et $\perp$ le concept le plus spécifique. Le constructeur $\neg$ correspond à la négation et ne porte que sur les concepts primitifs. Le constructeur $\cap$ permet de définir une conjonction d'expressions conceptuelles. La quantification existentielle $\exists$ introduit le rôle R et affirme l'existence d' (au moins) un couple d'individus en relation par l'intermédiaire de R. La quantification universelle $\forall$ précise le co-domaine du rôle R.

(2) $\quad T^I = \Delta^I$
$\quad\quad \perp^I = \varnothing$
$\quad\quad (\neg A)^I = \Delta^I \backslash A^I$
$\quad\quad (C \cap D)^I = C^I \cap D^I$
$\quad\quad (\forall R.C)^I = \{a \in \Delta^I \mid \forall b. (a,b) \in R^I \to b \in C^I\}$
$\quad\quad (\exists R.T)^I = \{a \in \Delta^I \mid \exists b. (a,b) \in R^I\}$

La notion d'interprétation explicite formellement la sémantique d'une TBox. Une interprétation *I* se compose d'un domaine d'interprétation Δ^I et d'une fonction d'interprétation $\cdot^I$. Le domaine d'interprétation consiste en un ensemble d'individus. La fonction d'interprétation assigne à chaque concept atomique *A* un ensemble tel que $A^I \subseteq \Delta^I$, et à chaque rôle atomique R une relation binaire $R^I \subseteq \Delta^I \times \Delta^I$. L'interprétation de *T* est le domaine Δ^I tout entier tandis que celle de $\perp$ se réduit à l'ensemble vide. L'interprétation de la négation d'un concept A se ramène au complémentaire de l'interprétation de A. L'interprétation d'une conjonction de concepts se ramène à l'intersection des interprétations des concepts. L'interprétation de *(∀R.C)* précise le type du co-domaine du rôle *R*, tandis que celle de *(∃P.T)* affirme l'existence d'un couple d'éléments (a; b) en relation par l'intermédiaire du rôle *R*. Cette logique est minimale, dans le sens où une logique moins expressive représente peu d'intérêt. Elle est étendue, ensuite, par de nouveaux constructeurs. Nous donnons brièvement quelques extensions de la LD.

– La négation de concepts primitifs ou définis, qui est notée $\neg C$. L'extension correspondante de $\mathcal{AL}$ est $\mathcal{ALC} = \mathcal{AL} \cup \{\neg C\}$.

- La disjonction de concepts, qui est notée C ⊔ D. L'extension correspondante de $\mathcal{AL}$ est $\mathcal{ALU} = \mathcal{AL} \cup \{C \cup D\}$.
- La quantification existentielle typée, qui est noté ∃R.C. L'extension correspondante de $\mathcal{AL}$ est $\mathcal{ALE} = \mathcal{AL} \cup \{\exists R.C\}$[Donini 92].
- La cardinalité sur les rôles, qui est notée ≥nR et ≤nR. L'extension correspondante de AL est $\mathcal{ALN} = \mathcal{AL} \cup \{\geq nR, \leq nR\}$. Les constructeurs ≥nR et ≤nR fixent la cardinalité (nombre de valeurs élémentaires) minimale et maximale du rôle auquel ils sont associés. En particulier, la construction (∃R) est équivalente à la construction (≥1R).
- La conjonction de rôles, qui est notée R1 ∩ R2, les rôles R1 et R2 étant primitifs. L'extension correspondante de $\mathcal{AL}$ est $\mathcal{ALR} = \mathcal{AL} \cup \{R1 \cap R2\}$. Si R = R1 ∩ R2, alors r est un sous-rôle de R1 et de R2.

Par extension, il est possible de considérer une hiérarchie de rôles comme un ensemble de conjonctions de rôles comme le cas pour $\mathcal{ALCNR}$ expliqué dans [Nebel 90]. Ainsi, le langage $\mathcal{ALCNR}$ = {T, ⊥, ¬C, C∩D, C∪D,∀R.C, ∃ R.C, ≥nR, ≤nR, , r1 ∩ r2} contient l'ensemble des constructeurs qui viennent d'être présentés (il est aussi d'usage d'employer la lettre C plutôt que les lettres UE dans le nom du langage). D'autres équivalences de langages sont discutées par exemple dans [Donini 97] [Benslimane 06].

Les outils standards de construction et de manipulation des ontologies utilisent la LD. Protégé-2000 utilise l'OWL qui se base sur la LD. PLIB-Editor qui étend ses fonctionnalités par des plugins avec OWL se base sur la LD.

3.5. Modèles de construction d'ontologies

Il existe plusieurs modèles de construction d'ontologies. Parmi ces modèles, nous citons les modèles PLIB et le MADS.

3.5.1. PLIB : Parts LIBrary

Une ontologie PLIB (Parts LIBrary) a essentiellement pour objectifs d'expliciter et de représenter formellement les concepts d'un domaine sous forme d'un ensemble de classes associé à une relation de subsomption et un ensemble de propriétés typées (domaine et co-domaine). Le modèle formel du modèle d'ontologie PLIB peut être trouvé dans [Pierra 03]. Les classes et les propriétés sont identifiées de façon universelle. Ce modèle possède le pouvoir d'expression de OWL-Lite mais sans la notion de spécialisation de propriétés ni le constructeur *SomeValuesFrom*. De plus, elle possède un système de types complet. Une instance ne peut appartenir à plusieurs classes (mono-instanciation), mais un même objet peut être modélisé par plusieurs instances correspondant à plusieurs points de vue (technique de l'agrégat d'instances). Le modèle d'ontologies PLIB possède un opérateur de modularité appelé OntoSub dont la sémantique est celle de la subsomption (sans héritage automatique de propriétés). Les propriétés, ayant pour domaine la subsumante, ne peuvent être utilisées pour décrire les instances de la subsumée que si elles ont été *explicitement importées* lors de la déclaration de subsomption. De façon alternative, une propriété de la subsumante et une propriété de la subsumée peuvent être identifiées. Ce mécanisme permet alors d'articuler par subsomption les rapports entre ontologie locale et ontologie partagée [Pierra 03]. Notons que ce mécanisme n'est nullement en contradiction avec la sémantique usuelle de la subsomption. Le mécanisme de subsomption avec importation ou mise en correspondance sélective peut donc être utilisé dans n'importe quel contexte pour introduire des relations entre ontologie à un niveau fin de granularité.

3.5.2. MADS : Modélisation d'Applications à Données Spatio-temporelles

Les auteurs de [Spaccapietra 99] ont étudié le problème de multi-représentation dans les bases de données spatiales pour associer les différentes géométries, la résolution et la balance au même objet spatial. Dans leur travail, ils ont proposé le modèle MADS qui est fait à la base d'un langage de type entité-relation et qui s'est enrichi de concepts ontologiques. Deux critères sont pris en compte lors de la comparaison de différentes représentations : le point de vue et la résolution [Vangenot 04]. Un mécanisme de stamping des éléments de l'information (concepts, attributs, exemples) et des rapports, est suggéré pour permettre les manipulations des éléments d'informations de plusieurs représentations. La technique de stamping s'intéresse en particulier au traitement des représentations multiples des données. Elle permet de définir un contexte de représentation avec un timbre qui est un tuple des valeurs correspondant à tout nombre d'articles de méta-données (point de vue, résolution, temps) et d'associer des timbres aux concepts, liens, attributs, exemples.

3.6. Outils de construction d'ontologies

Il existe plusieurs outils pour éditer et travailler avec les ontologies. Généralement ces outils sont téléchargeables et gratuits. Parmi eux, nous citons :

- *Protégé* est le plus connu et le plus utilisé des éditeurs d'ontologie. Open-source, développé par l'Université de Stanford, a évolué depuis ses premières versions (Protégé-2000) pour intégrer à partir de 2003 les standards du Web sémantique et notamment OWL. Il offre de nombreux composants optionnels : raisonneurs, interfaces graphiques, etc.

- *PLIB-Editor* permet la création et l'édition d'ontologies, création, modification et suppression des concepts (source d'information, classe, propriété, type) constituant les ontologies dans une Base de données à Base ontologique (BDBO). L'interface graphique offerte, développée spécifiquement pour la gestion des ontologies PLIB, est adaptable facilement à un autre modèle d'ontologie. Il est basé sur des Application Programming Interface (API) : l'API Java et l'API PLIB pour la gestion des ontologies dans la base de données.

- *SWOOP* est un éditeur d'ontologie développé par l'Université du Maryland dans le cadre du projet MINDSWAP. Contrairement à Protégé, il a été développé de façon native sur les standards RDF et OWL qu'il prend en charge dans leurs différentes syntaxes (pas seulement XML). C'est une application plus légère que Protégé, moins évoluée en termes d'interface, mais qui intègre aussi des outils de raisonnement.

- *KMgen* est un éditeur d'ontologies pour le langage KM (KM: The Knowledge Machine).

Avec l'émergence du marché des technologies du Web sémantique, nous pouvons noter l'apparition depuis 2005 d'outils logiciels proposés par des éditeurs commerciaux comme :

- *SemanticWorks* fait partie de la suite d'outils XML développée par Altova. Il supporte le langage OWL à travers sa syntaxe XML.

- *TopBraid Composer* développé par TopQuadrant. Son interface et ses fonctionnalités ressemblent beaucoup à celles de Protégé.

- *Ontology Craft Workbench* développé par la société Ontologos-corp suite aux travaux de l'équipe Condillac de l'Université de Savoie. Les ontologies sont disponibles aux formats XML et OWL.

- *OntoBuilder* développé afin d'assister les concepteurs à modéliser leurs systèmes d'information [Mhiri 10].

Il existe d'autres outils informatiques permettant de construire une ontologie à partir d'un corpus de textes. Ces outils parcourent le texte à la recherche de termes récurrents ou définis par l'utilisateur, puis analysent la manière dont ces termes sont mis en relation dans le texte (par la grammaire et par les concepts qu'ils recouvrent et dont une définition peut être trouvée dans un lexique fourni par l'utilisateur). Le résultat est une ontologie qui représente la connaissance globale que contient le corpus de texte sur le domaine d'application qu'il couvre.

4. CONCLUSION

Dans ce chapitre nous avons présenté un panorama des principaux concepts de l'ingénierie des systèmes en particulier l'étape de spécification des besoins puis nous avons étalé un survol sur les ontologies. Après notre étude sur l'IB, nous avons pu constater l'importance de la SB qui est considérée comme une étape cruciale dans le cycle de vie d'un système. Certains problèmes empêchent l'accomplissement des objectifs de cette étape en particulier le problème de la multitude de contextes et de représentations. Une mauvaise extraction des besoins entraine l'échec de tout le système. Pour cela, les connaissances extraites de ces besoins doivent prendre en considération les contraintes de cette multitude et surtout dans les systèmes collaboratifs. Les ontologies sont très connues par leurs apports dans la représentation des connaissances. Cependant, une ontologie devrait fournir des définitions et des structures de données contextuelles pour représenter la diversité des perceptions et des réflexions des utilisateurs. Ce volet n'est pas traité dans la plupart des travaux actuels sur les ontologies. C'est pourquoi nous offrons, dans le chapitre suivant, une étude sur l'aspect contextuel dans les ontologies afin de les coupler pour résoudre le problème de la multitude de représentations et de contextes lors de la SB.

CHAPITRE II : ASPECT CONTEXTUEL DANS UNE ONTOLOGIE

1. INTRODUCTION

Les contextes et les ontologies présentent des points forts et des points faibles pour conceptualiser un domaine. D'une part, l'ontologie sert, dans certains domaines, comme référentiel pour une communauté d'utilisateurs. Ces ontologies partagées définissent une compréhension commune du domaine. Cette notion de référentiel néglige la notion de particularité des utilisateurs. D'autre part, les contextes sont construits pour être maintenus localement et représentent les interprétations des schémas non partagés des individus ou des groupes d'individus. Ces contextes sont locaux ce qui néglige, par conséquent, le travail collaboratif des utilisateurs. Nous pouvons constater une relation de complémentarité entre les ontologies et les contextes, du fait que les ontologies qui prennent en considération les contextes donnent des vues utilisateurs représentant leurs contextes et donnent une vue commune et partageable pour tous les utilisateurs. Nous tirons profit de ces deux notions en les combinant dans un cadre unique.

Dans la suite de ce chapitre, nous étudions dans la deuxième section la notion de contexte. La troisième section sera consacrée à son usage dans certaines ontologies en donnant une étude comparative sur ces travaux. Dans la quatrième section, nous présentons le problème de multitude de représentations et de contextes lors de la SB en suggérant notre proposition.

2. CONTEXTE

Le contexte joue un rôle important dans la plupart des domaines. L'intérêt de l'utilisation du contexte implique qu'il n'y a aucune définition précise ni générale de cette notion. Le contexte semble posséder une double nature : statique ou dynamique, discrète ou continue. Cette double nature apparente résulte du fait que la notion du contexte dépend, dans son interprétation, de l'emploi dans la science cognitive ou dans la technologie (ou développement du système) [Brézillon 99].

2.1. Que disent les dictionnaires

Il est clair, au regard de la littérature, qu'il n'existe pas une seule et unique définition du contexte. Notamment, divers domaines de recherche se sont attelés à définir la notion de *"contexte"*.

Parmi les dictionnaires de référence, nous citons Petit Robert 92. Il définit contexte comme un ensemble des circonstances dans lesquelles s'insère un fait. Dans le dictionnaire en ligne[7], le contexte est défini comme un ensemble de circonstances entourant un événement. Pour l'encyclopédie Larousse[8], il est défini comme un ensemble de circonstances dans lesquelles se produit un événement, se situe une action. Hachette Multimédia[9] le défini comme un ensemble de circonstances, d'éléments qui entourent un fait et permettent de le comprendre. Une autre définition de l'encyclopédie.

Ces définitions partagent l'idée d'ensemble de circonstances ou d'éléments associées à un événement. La nature de l'événement dépend de l'utilité du contexte qui y donne un sens ou une valeur [Chaari 07].

Nous abordons, dans la sous-section suivante, la notion de contexte dans le domaine informatique.

2.2. Définitions de contexte

Dans différents domaines d'application, on retrouve une définition relativement stable. Le contexte est un ensemble d'informations, relatives à une interaction entre agents [Dey 99]. Le même auteur le redéfinit, dans [Dey 01], comme toute information qui peut être utilisée pour caractériser la situation des entités (c'est-à-dire une personne, un emplacement et un objet) qui sont considérées comme appropriées à l'interaction entre un utilisateur et une application, incluant l'utilisateur et l'application. Brézillon le définit, dans [Brézillon 03], comme un ensemble de conditions appropriées et d'influences

---

[7] http://www.le-dictionnaire.com/definition.php?mot=contexte
[8] http://test.larousse.fr/dictionnaires/francais/contexte
[9] http://www.ehmelhm.hachette-multimedia.fr/search.html

qui font qu'une situation est unique et compréhensible.

Pour [Dourish 01] et [Chalmers 04], le contexte est l'ensemble des informations caractérisant partiellement la situation d'une entité particulière. C'est une notion dont l'acception est relative à une situation. Cette situation peut être une situation physique (comme la localisation spatio-temporelle d'une personne) ou fonctionnelle comme la tâche en cours de réalisation.

Plus concrètement, le contexte peut être vu comme l'ensemble des paramètres externes à l'application pouvant influer sur le comportement d'une application en définissant de nouvelles vues sur ses données et ses services. Ces paramètres ont un aspect dynamique qui leur permet d'évoluer durant le temps d'exécution. Ils ne sont pas significatifs à l'utilisateur final et doivent donc lui être transparents. Une nouvelle instance de ces paramètres caractérise une nouvelle situation contextuelle qui ne modifie pas les données de l'application mais qui peut mener à les traiter d'une façon différente [Chaari 05]. C'est pourquoi nous allons les classer selon leurs types. Cette classification fera l'objet de la sous section suivante.

2.3. Types de contexte

Il existe plusieurs types de contextes et cela dépend de l'application et du domaine d'application de la notion de contexte. Plusieurs auteurs [Pascoe 98], [Dey 99], [Chen 00] et [Coutaz 02] ont proposé une classification des différents types de contexte en familles *contexte environnemental, contexte utilisateur, contexte machine et contexte temporel.*

- *Contexte environnemental* présente les personnes ou objets à proximité, la luminosité, le bruit, le climat, etc.
- *Contexte utilisateur* présente la localisation de l'utilisateur, les centres d'intérêts, l'activité, l'émotion, la pression artérielle, etc.
- *Contexte machine* est défini sous forme d'un *URL, URI,* serveurs à proximité, dispositif d'affichage, occupation des ressources de la machine, proximité des moyens de communication, etc.
- *Contexte temporel* marque l'historique des actions, des localisations, date et heure du système, etc.

De même [Ferry 08] considère trois types de contexte. *Le contexte global* qui n'est pas appréhendable puisqu'il s'agit de considérer le monde entier. Il est donc nécessaire de le filtrer. Le premier medium pour réaliser un filtrage est de considérer *le contexte local* c'est-à-dire les informations qu'il est permis d'obtenir et les entités accessibles. Cependant cela reste potentiellement trop large. Il intervient alors la notion de *contexte pertinent* qui est défini par un réel filtrage de ces informations et entités.

Dans [Aubry 06], nous trouvons deux types de contextes : le *contexte personnel* et le *contexte décisionnel*. Le *contexte personnel* correspond à l'état dans lequel se trouve l'apprenant. Il est constitué de l'ensemble de ses perceptions dans son environnement. Les perceptions contenues dans le contexte personnel ne sont pas filtrées. *Le contexte décisionnel* quand à lui ne contient que les perceptions appropriées à une situation.

D'un autre coté, Göker définit cinq principales catégories pour classer l'information contextuelle [Göker 02] : *contexte de tâche, contexte social, contexte personnel, contexte spatio-temporel* et *contexte environnemental*. La figure II.1 expose ces cinq catégories.

- *Contexte de tâche* décrit les activités d'utilisateurs et les buts.
- *Contexte social* entoure l'information concernant des issues telles que les amis de l'utilisateur, les parents, et le rôle que l'utilisateur occupe.
- *Contexte personnel* est divisé en deux sous-catégories décrivant les propriétés *physiques et mentales* de l'utilisateur.
- *Contexte spatio-temporel* décrit des attributs tels que le temps, l'endroit et le mouvement.
- *Contexte environnemental* traite les environnements de l'utilisateur.

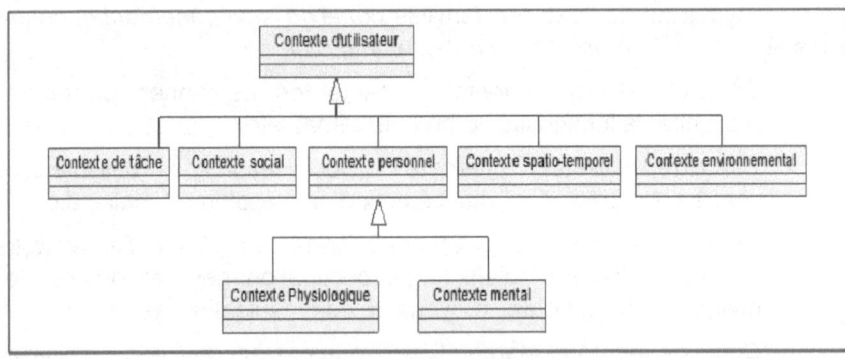

Figure II. 1 : Type de contexte selon [Göker 02]

Toutefois Schilit, dans [Schilit 94], classifie le contexte en trois catégories.

- *Le contexte de calcul*, tel que la connectivité de réseau, les coûts de communication, et la largeur de bande de communication, et les ressources voisines telles que des imprimantes, des écrans, et des postes de travail.

- *Le contexte d'utilisateur,* tel que le profil d'utilisateur, endroit, ceux qui l'entourent, même la situation sociale courante.
- *Le contexte physique,* tel que l'éclairage, les niveaux de bruit, les états du trafic, et la température. Le temps est également un contexte important et normal pour beaucoup d'applications.

Puisqu'il est difficile de s'adapter dans n'importe quel contexte des trois genres ci-dessus, Chen propose, dans [Chen 00], d'ajouter une quatrième catégorie de contexte nommée.

- *Le contexte temporel,* tel que la période d'un jour, d'une semaine, d'un mois, et d'une saison de l'année.

D'une manière primordiale l'utilisateur et les contextes physiques sont enregistrés à travers une période, nous obtenons un historique de contexte, qui pourrait également être utile pour certaines applications.

Le *contexte d'utilisateur,* illustré par la figure II.2., comporte trois catégories. Une qui est classée comme contexte statique pour les informations de base de la personne (*genre, âge, langue, etc.*) et deux autres catégories qui sont classées comme contexte dynamique de l'utilisateur : la situation qui fournit des informations situationnelles comme *l'endroit réel, l'environnement, etc.* et le monde de l'information de l'utilisateur par exemple *les documents lus, les pages Web visitées, les intérêts de l'utilisateur, etc.* [Kuck 07].

Contexte d'utilisateur		
Personne	**Situation**	**Monde de l'information**
Genre	Endroit	Documents
Date de naissance	Date et heure	Emails
Contexte statique	Contexte dynamique	

Figure II. 2 : Contexte d'un utilisateur de portable [Kuck 07]

Néanmoins Sheng [Sheng 05] voit qu'il n'y a que deux types de contexte à savoir le *contexte atomique* et le *contexte composite.* Les *contextes atomiques* qui représentent les contextes de bas niveau, directement fournis par le contexte source (par exemple *la température, la probabilité de pluie*) et les *contextes composites* qui représentent les contextes de niveau élevé (par exemple *météorologiques difficiles*).

Sheng modélise ces deux types de contexte sous forme d'un diagramme de classes comme le montre la figure II.3. Chaque classe atomique de contexte a deux attributs. L'un est le *nom de contexte* et l'autre est la *source assignée au contexte* (un service de contexte ou une communauté). La source assignée au contexte devrait être inter-liée pour la récupération du contexte. À la différence de la classe atomique de contexte, une classe composée de contexte a un seul attribut qui est le *nom du contexte*.

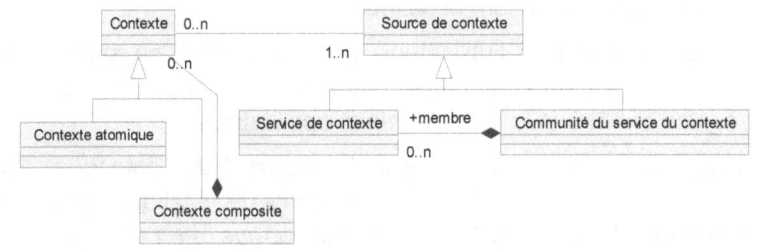

Figure II. 3 : Types de contextes selon [Sheng 05]

Nous avons présenté une étude sur les types de contexte en se référant sur un ensemble d'auteurs. Dans la sous-section suivante, nous passons en revue quelques aspects statiques et dynamiques du contexte.

2.4. Aspects statiques et dynamiques du contexte

Le contexte se définit en regroupant les rapports entre les différents composants de la connaissance. Ceci donne une *vue statique* sur la connaissance et la manière dans lesquelles ces composants sont connexes dans leur contexte d'utilisation. *Une vue dynamique* consiste à considérer le contexte comme mécanisme de contextualisation pour rechercher la connaissance [Edmondson 93], et ses liens au mécanisme de raisonnement qui associe l'incident considéré aux incidents connus par le système. Cependant, Brézillon définit l'*aspect statique* du contexte comme étant la connaissance qui reste constante dans toute interaction et l'*aspect dynamique* du contexte comme étant la connaissance qui change au cours de l'interaction [Brézillon 99]. La connaissance changeante d'un contexte et le mouvement entre les contextes seraient contrôlés par des mécanismes indépendants mais liés.

2.5. Sources d'informations du contexte

Henricksen, dans [Henricksen 04], a divisé l'information de contexte en quatre sources d'informations contextuelles comme le montre le tableau II.1. Ces sources peuvent être des capteurs physiques et logiques, des utilisateurs humains et d'autres informations contextuelles (dérivées). L'information du contexte capturée change fréquemment par contre les informations contextuelles *tirées des utilisateurs* sont rarement changées.

Tableau II. 1. Sources d'information de contexte [Henricksen 04]

Type	Source	Persistance	Problèmes de qualité	Sources d'inexactitude
Capturé	Capteurs physiques et logiques	Bas	Peut être faut, inconnu ou sans valeur	Erreurs et échecs de capteurs ; Déconnexions du réseau ; délai introduit par les distributions et les interprétations
Statique	Utilisateur/ administrateur	Toujours	Pas de problèmes de qualité	Erreur humaine
Dynamique	Utilisateur (directement ou à travers les applications)	Moyen	Peut être inconnu	Omission de l'utilisateur à mettre à jour en réponse aux changements
Dérivé	Autres informations contextuelles	Variable	Comme pour les types de base + sujet aux autres erreurs introduites par le processus de dérivation	Entrées imparfaites ; utilisation d'un mécanisme de dérivation brut ou trop simplifié

2.6. Paramètres de contexte

Un paramètre est une information qui aide à comprendre et exploiter le contexte actuel ou courant. Selon l'OMG[10], "*Un paramètre indique comment*

---

[10] OMG. UML 2.0 Superstructure, OMG document ptc/03-08-02, 2003

des arguments sont passés dans ou hors d'une invocation d'un dispositif comportemental comme une opération".

Pour la modélisation du contexte représentant une large variété de scénarios d'application d'enchaînement, [Kaltz 04] propose les paramètres de contexte, comme le montre la figure II.4. :

- *Utilisateur et Rôle* : une classification des utilisateurs selon leur rôle, tels que les types de clients, ou différents types d'employés.

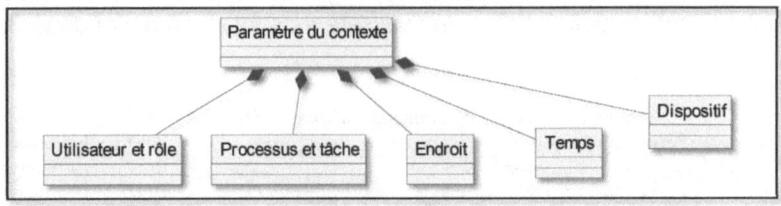

Figure II. 4 : *Classes des paramètres du contexte [Kaltz 04]*

- *Processus et Tâche* : un contexte fonctionnel, tel que les articles de travail pour des employés.

- *Endroit* : une classification des endroits concernant l'application, dans la granularité désirée. Pour quelques applications, le pays peut être l'information suffisante d'endroit, pour d'autres, on ajoute la ville, et ainsi de suite. Ces endroits ne doivent pas être confondus avec les endroits capturés par le système, comme par le positionnement de GPS, l'entrée d'utilisateur, ou l'adresse de réseau (l'adresse IP ou analogues). En outre, cette catégorisation d'endroit ne se rapporte ni aux endroits dans l'espace de l'information (où certains médias d'un enchaînement sont localisés) ni à leur proximité à d'autres éléments dans cet espace. Dans la terminologie utilisée, ce type de rapport fait partie de l'ontologie de domaine, pas des dimensions de contexte.

- *Temps* : les différents types d'information du temps peuvent être appropriés, comme la zone du temps du client, du temps réel, d'un temps virtuel, etc.

- *Dispositif* : l'information du dispositif peut être un paramètre du contexte intéressant (comme dans les scénarios mobiles), par exemple le type de dispositif, les propriétés d'affichage, etc.

Pinheiro a définit cinq paramètres [Pinheiro 04] : l'*espace*, l'*outil*, le *temps*, la *communauté* et le *processus*. Le paramètre *espace* se rapporte au concept de l'endroit physique. Le deuxième paramètre à savoir l'*outil* se rapporte aux concepts de dispositif et d'application physiques. Le troisième paramètre *temps* se rapporte à l'idée de calendrier de groupe. Pour le paramètre *communauté*, il se rapporte à la composition de la communauté, y compris les concepts du groupe, des rôles et de l'utilisateur. Enfin, le paramètre *processus* qui se rapporte au processus (flux d'activités) effectué par le groupe, y compris les concepts des activités (tâches) et des objets partagés (objets manipulés par le groupe) comme le présente la figure II.6.

Il existe plusieurs conflits liés à la représentation d'une information tout en l'accordant à un contexte particulier ou à une représentation donnée. Dans la sous-section suivante, nous exposons quelques conflits qui peuvent émerger avec la prise en considération de la notion de contexte.

2.7. Conflits liés au contexte

Les conflits de contexte ont lieu lorsque les concepts semblent avoir la même signification mais qui sont différents en réalité. Cela est dû aux différents contextes de définition ou d'évaluation. Le contexte est une notion très importante dans les systèmes d'information collaboratifs et répartis. En effet, un même objet du monde réel peut être représenté dans les sources de données par plusieurs représentations selon un contexte local à chaque source. Ces conflits de contexte se trouvent dans le cas où les concepts semblent avoir la même signification, mais qui évoluent dans différents contextes. Ces conflits se trouvent dans le cas où on utilise soit des noms différents pour un même concept ou propriété (*synonyme*), soit des noms identiques pour des concepts (et des propriétés) différents (*homonyme*).

D'autres conflits liés aux mesures des valeurs ont lieu lorsque différents systèmes de référence sont utilisés pour évaluer une valeur. C'est le cas, par exemple, lorsque différentes unités de mesure sont utilisées par les différentes sources de données. Ces conflits sont liés à la valeur d'un concept du monde réel dans différents systèmes. Ils se trouvent dans le cas où on utilise des unités différentes pour mesurer la valeur de propriétés.

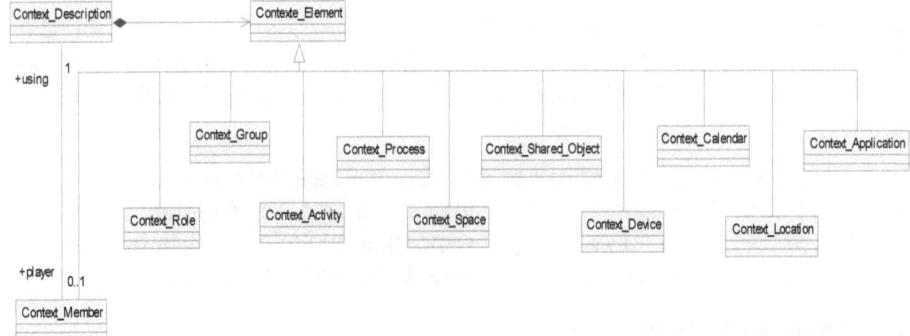

Figure II. 5 : Description de contexte et les éléments de base de la représentation de contexte [Pinheiro 04

Tous ces conflits présentés et la relation de complémentarité constatée entre ontologie et contexte ont amené les chercheurs à proposer quelques langages de modélisation de contexte couplés aux ontologies.

2.8. Langages de modélisation de contexte

Dans la littérature, il existe des langages pour la représentation de contexte couplé avec l'ontologie. Dans la suite de cette section, nous présentons quelques uns à savoir CoOL, C-OWL et CML

2.8.1. Context Ontology Language : CoOL

CoOL est un langage de modélisation de contexte basé sur l'ontologie. Il emploie le modèle du *Aspect-Scale-Context* (ASC) où chaque aspect peut avoir plusieurs mesures pour exprimer une certaine information de contexte [Strang 03]. Il est développé dans le but d'avoir un formalisme qui permet de déterminer l'interopérabilité au niveau du contexte. Ce langage peut être employé pour décrire des faits et des corrélations contextuels d'une façon précise et perceptible et peut être ainsi engagé pour déterminer l'interopérabilité contextuelle.

La précision et l'expressivité de ce langage sont réalisées en employant *les ontologies*, qui sont particulièrement utiles *pour rendre la connaissance implicite explicite* et par conséquent utilisable par des ordinateurs.

CoOL est considéré utile pour des conditions tenant en compte des concepts avec une commande de métrique, mais il est moins pratique pour des conditions telle que l'adaptation du contenu d'étude aux besoins d'utilisateur [Jovanović 07]. Il n'est pas un langage simple ni monolithique, c'est une collection de plusieurs fragments, groupés dans deux sous-ensembles.

Le premier sous-ensemble, noyau de CoOL, est une projection du modèle dans deux ou trois langages d'ontologie : OWL et DAML+OIL [Berners-Lee 01], sont deux langages d'ontologie basés sur XML et RDF/S. La figure II.6 montre la façon dont le noyau CoOL est lié à la pile du Web sémantique.

L'intégration de CoOL, est une collection de schéma et d'extensions de protocole aussi bien que les sous-concepts communs du modèle, permettant l'utilisation du noyau de CoOL dans plusieurs Frameworks de services, en particulier les services Web.

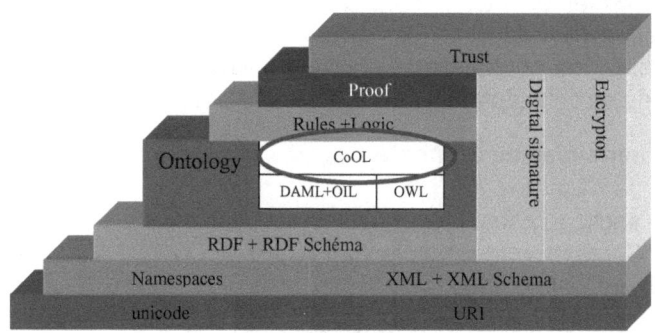

Figure II. 6 : CoOL intégré à l'intérieur de la pile du Web Sémantique [Strang 03]

2.8.2. Context-OWL (C-OWL)

C-OWL est une extension d'OWL qui intègre d'une manière uniforme les principaux attributs architecturaux des contextes et des ontologies et les différents niveaux sémantiques conséquents [Bouquet 03 a]. La syntaxe de *C-OWL* est définie en utilisant la syntaxe d'OWL et en ajoutant *les règles de pont*, qui permettent de lier, au niveau syntaxique et sémantique, les concepts, les rôles et les individus dans différentes ontologies. L'ensemble de règles de pont entre deux ontologies s'appelle *un contexte traçant (context mapping)*. Ainsi *une ontologie contextuelle* est une ontologie d'OWL incorporée dans d'autres ontologies d'OWL et liée à elles par l'intermédiaire des *context mapping*. La sémantique du C-OWL est obtenue en modifiant la sémantique d'OWL, en employant les idées et les notions à l'origine développées dans la sémantique du contexte (*Local Models Semantics*) [Ghidini 01].

2.8.3. Context Modelling Language (CML)

Le CML [Henricksen 06] dérive d'une information conceptuelle basée sur les faits qui modélise un formalisme appelé ORM (Object Role Modelling) [Halpin 01], qui a une représentation graphique intuitive. Un modèle ORM se compose d'un ensemble de types d'objets, représentés comme ellipses. ORM capture les relations n-aires, appelés *les types de fait*, entre ces types d'objet. CML étend ORM en introduisant les éléments principaux aux applications sensibles au contexte. Celles-ci incluent : classification de types de fait, permettant la manipulation différenciée des données résultant des sources hétérogènes (capteurs, profils d'utilisateur, information statique et information dérivée) ; *qualité de fait*, qui attache les métadonnées de qualité spécifique au *type de fait* et la temporalité qui dénote la période de temps où le fait était approprié (l'introduction des types temporels de fait change la sémantique formelle des contraintes d'unicité héritées d'ORM). Ainsi, des plateformes ont pris en considération la notion de contexte.

2.9. Plateformes sensibles au contexte

Dans cette section, nous présentons trois plateformes sensibles au contexte qui sont *Context Broker Architecture* (*CoBrA*), *Context Management Framework* (*CMF*) et *Context Toolkit*.

2.9.1. Context Broker Architecture – CoBrA

Context Broker Architecture (CoBrA) (cf. figure II.7) est une architecture orientée agents pour les systèmes sensibles au contexte [Chen04] [Singh 06].

Le composant central de cette architecture est le courtier de contexte (*Context Broker*), qui maintient et contrôle un modèle contextuel partagé pour une communauté d'agents. Il est composé de quatre éléments principaux : Base de connaissance de contexte (*Context Knowledge Base*), moteur de raisonnement de contexte (*Context Reasoning Engine*), module d'acquisition de contexte (*Context Acquisition Module*) et module de gestion de confidentialité (*Privacy Management Module*).

L'architecture inclut son propre langage de politique de sécurité défini par chaque utilisateur qui contrôle l'accès et qui assure, par la suite, la sécurité et la confidentialité des données échangées avec l'utilisateur.

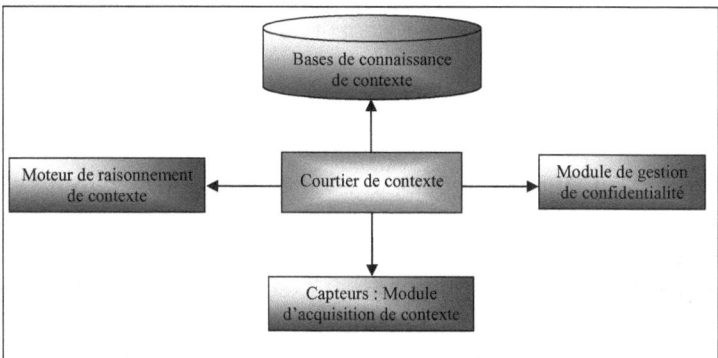

Figure II. 7 : Architecture de CoBrA [Singh 06]

2.9.2. Context Management Framework – CMF

Context Management Framework (CMF) est une plateforme composée de plusieurs entités [Korpipaa 03] : gestionnaire de contexte (*context manager*), serveurs de ressources (*resource servers*), services d'identification de contexte (*context recognition services*), serveur de détection de changement (*change detection server*), composant de sécurité (*security component*) et une application (*an application*). L'architecture de cette plateforme est présentée dans la figure II.8.

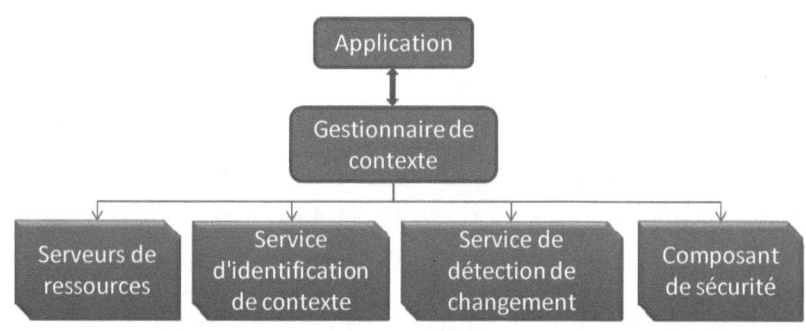

Figure II. 8 : Architecture CMF [Korpipaa 03]

Le gestionnaire de contexte est le composant central qui contrôle le système de la plateforme et agit en tant que serveur central. Il traite les informations de contexte acquises de différentes sources, infère d'elles des informations de plus haut niveau et les fournit à ses clients. L'acquisition des données est effectuée par les serveurs de ressource. Les services d'identification de contexte sont employés sur demande par le gestionnaire de contexte pour déduire des données complexes à partir des entités simples de contexte.

2.9.3. Context Toolkit

Context toolkit (cf. figure II.9) adopte le modèle d'architecture de widget [Dey 01]. Le but principal de ce dernier est d'alléger le développement des applications sensibles au contexte en fournissant un cadre commun. Ce dernier sera pris comme une base pour le développement uniforme ultérieur des services. Il se compose de *widgets* qui sont conformes à une allocation distribuée et contrôlée par un composant central appelé *discover*. Ce composant maintient l'enregistrement de tous les *widgets* courants dans le réseau. *Widget* est un composant logiciel qui encapsule un capteur physique. Son rôle est de communiquer des informations perçues à un ou plusieurs serveurs ou interpréteurs en fonction des données reçues par le capteur. Il a aussi pour rôle de constituer un historique. D'autres composants incluent les *aggregators*, qui sont des extensions des *widgets,* combinent les informations contextuelles de plusieurs *widgets*. Les *interpreters* sont des composants qui traduisent des informations de bas niveau aux données de plus haut niveau appropriées au traitement.

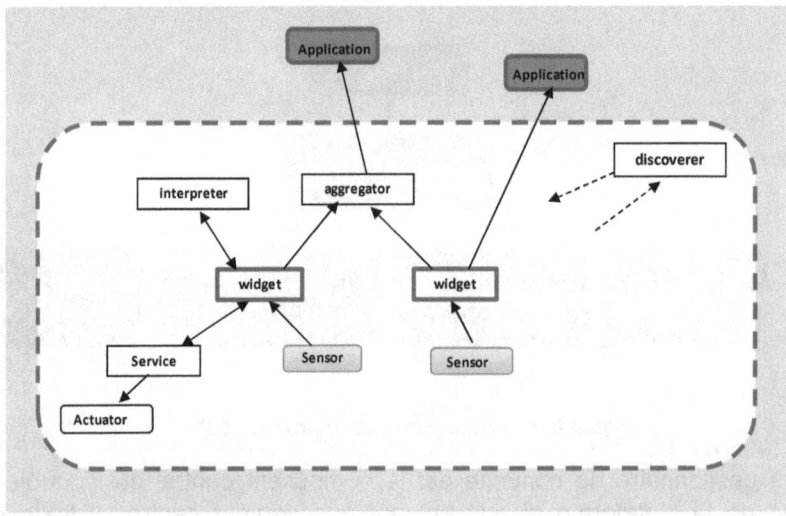

Figure II. 9 : Architecture du context toolkit [Dey 01]

Les capteurs (*sensors*) fournissent des données aux *widgets*. Ces données peuvent être traduites par un *interpreter* pour être conforme à une forme qui est plus compréhensible par une application. Les données acquises à partir de plusieurs *widgets* peuvent être regroupées en un seul élément qui extrait et combine la logique pour certaines entités. Enfin, ce contexte est livré à l'application.

2.9.4. Comparaison entre les plateformes sensibles au contexte

Le tableau II.2 préscrit une comparaison des architectures sensibles au contexte selon sept critères à savoir : architecture, méthode de capture, modèle contextuel, traitement du contexte, découverte des ressources, stockage des données historiques, et sécurité et enfin confidentialité. Une propriété commune pour toutes les solutions analysées est la séparation entre l'infrastructure de capture et le reste du système, ce qui augmente la réutilisabilité des sources de contexte dans le système. Toutefois, chaque framework a son propre format pour la représentation de contexte et emploie différents principes de communication, qui alternativement rendent la communication entre les frameworks difficile et neutralisent des réalisateurs pour réutiliser des services basés sur un autre cadriciel.

En outre, presque tous les systèmes ont bien développé le composant de découverte de ressource. Ils soutiennent le stockage des données historiques qui les aide ultérieurement dans le traitement du contexte. La sécurité et la confidentialité sont présentes dans plusieurs systèmes, mais toujours sous forme de mécanismes de base de sécurité qui devraient être renforcés ultérieurement.

La gestion de l'historique du contexte est aussi un autre critère important dans les systèmes sensibles au contexte. En effet, l'historique permet d'implémenter des algorithmes d'apprentissage pour fournir des services hautement adaptables au contexte. De plus, avec ce genre d'algorithmes, des actions proactives peuvent être automatiquement déclenchées pour un certain nombre de services à l'utilisateur sans qu'il formule une demande explicite.

Un autre aspect important dans ces systèmes concerne la gestion de la sécurité et de la confidentialité des données. En effet, des concepts doivent être spécifiés pour définir à qui appartient l'information contextuelle. CoBrA utilise le langage *Rei* pour définir les politiques de sécurité en termes de droits d'autorisations d'accès au contexte. Concernant Context toolkit, il implémente le concept d'appartenance du contexte à un utilisateur ou à une entité. Ainsi, une information contextuelle n'est accessible qu'à l'utilisateur ou à l'entité à laquelle elle appartient.

Néanmoins ces plateformes sensibles au contexte présentent une limite relative à l'assistance de l'utilisateur à travers une ontologie. Nous présentons dans la section suivante quelques domaines mettant dans un cadre unique le couplage entre Ontologie et Contexte.

Tableau II. 2. Tableau comparatif des trois plateformes : context toolkit, CoBrA et CMF

Modèle / Caractéristiques	Context toolkit	CoBrA	Context Management Framework
Type d'architecture	Basé sur des widgets	Basé sur des agents, Centralisé contexte broker	Centré sur un gestionnaire de contexte
Méthode de Capture	Widgets de contexte	Module d'acquisition de contexte	Serveur de ressource
Modèle de contexte	Paires Attribut-valeur	Ontologies (OWL)	Ontologies (RDF)
Traitement de contexte	Transformation et agrégation de contexte	Moteur d'inférence et une base de connaissance	Service d'interprétation (contexte recognition service)
Découverte de ressources	Composant discover	Non disponible	Serveurs de ressources et mécanisme de suscription
Stockage des données historiques	Disponible dans un serveur	Disponible	Non supporté
Sécurité et confidentialité	Appartenance du contexte	Politiques avec le langage *Rei*	Non disponible

3. NOTION DE CONTEXTE DANS LES ONTOLOGIES

Selon les auteurs de [Bouquet 03 a], une ontologie est construite pour être partagée tandis qu'un contexte est construit pour être maintenu localement. Pour tirer profit des deux notions, ils proposent de les combiner dans un cadre unique. Ainsi, ils proposent la notion contextuelle d'ontologie comme ontologie avec une interprétation locale. Ceci signifie que son contenu n'est pas partagé avec d'autres ontologies multiples. Du fait que les forces des ontologies sont les faiblesses des contextes et vice-versa, plusieurs approches ont été développées proposant de combiner les deux concepts pour réaliser l'interopérabilité sémantique de l'information.

Toutefois, les ontologies représentent des morceaux de connaissance isolés. En les mettant en réseau, on peut explorer leurs interrelations. Une forme d'ontologies gérées en réseau est celle des ontologies contextualisées. Dans ce cas, une ontologie représente un contexte et ses constitutifs (des concepts et des relations). Ainsi, pour une ontologie donnée, ses composants peuvent être interprétés dans différents contextes en choisissant les ontologies appropriées représentant des contextes appropriés. Dans cette section, nous présentons un état de l'art sur les travaux les plus cités qui ont couplé les deux notions en évoquant chaque fois leurs problèmes.

3.1. Gestion de contexte dans PLIB

PLIB (Parts LIBrary) est initiée au début des années quatre vingt dix au niveau européen. Elle est développée depuis 1990 au niveau ISO. Cette norme ISO 13584 est destinée à permettre la modélisation, l'échange et le référencement de catalogues informatisés de composants ou d'objets techniques préexistants. Ce modèle peut donc être utilisé dans la plupart des domaines que l'on peut envisager [Pierra 02].

La norme PLIB permet de résoudre deux types de problèmes :

- Identifier et représenter de façon formelle les différents concepts existant dans un domaine particulier. La notion d'ontologie est modélisée par un schéma exprimé dans le langage EXPRESS [Schenck 94] et publié en 1998 [ISO 98]. Ce schéma a été complété récemment par des extensions dans les normes [ISO 13584-24] et [ISO 13584-25].

- Saisir, modéliser et échanger la connaissance sur des composants, en particulier le comportement et les critères de choix. C'est la notion de bibliothèques de composants, dont la représentation est sous forme de document qui aboutit à des catalogues informatisés actifs ou intelligents.

L'intégration des sources de données a mis en évidence l'importance de la représentation du contexte de définition des concepts d'une ontologie. Pour la résoudre, [Pierra 06] a identifié deux éléments de contexte qu'une ontologie doit représenter :

– le contexte d'évaluation d'une valeur, par exemple, le poids d'une personne dépend de la date à laquelle la mesure est faite ; une valeur peut aussi dépendre d'une unité ou d'une monnaie à expliciter.

– le contexte de modélisation dans lequel chaque classe ou propriété est définie ; par exemple, le poids d'un objet ne peut être défini que dans le contexte d'un ensemble de classes bien défini.

3.1.1. Contexte d'évaluation

Pour le contexte d'évaluation des valeurs, le modèle d'ontologies PLIB propose deux mécanismes. Le premier permet d'associer à toute propriété représentant une quantité mesurable, une unité définie par un schéma EXPRESS standard[11]. Le second propose de distinguer les propriétés en fonction de leurs dépendances vis-à-vis d'autres paramètres. Il existe deux types de propriétés : non dépendantes du contexte et celles qui en sont dépendantes.

- *Propriétés non-dépendantes du contexte (propriétés caractéristiques)* : ce sont les propriétés essentielles d'une classe qui possèdent une valeur pour chaque instance, par exemple le diamètre intérieur ou la vitesse de rotation maximale d'un roulement, sont indépendantes des autres propriétés.

- *Propriétés dépendantes du contexte* : ce sont les propriétés essentielles d'une classe dont la valeur pour chaque instance s'explique en réalité comme *une fonction* de paramètres caractérisant un contexte d'utilisation. Cette catégorie de propriétés permet de caractériser les comportements des composants dans un contexte particulier. Par exemple, *la durée de vie d'un roulement à billes dépend directement et fondamentalement des forces axiales et radiales et subordonné à sa vitesse de rotation.*

Il existe des propriétés qui représentent les contextes possibles d'utilisation ou d'évaluation. Cette catégorie de propriétés permet de caractériser le contexte dans lequel sera inséré un composant (par exemple, *la charge réelle qu'un roulement va supporter dans un cas d'utilisation particulier*) ou les conditions d'une mesure.

Ceci permet à la fois, dans une démarche d'intégration, de distinguer des valeurs identiques, mais correspondant à différents contextes et de représenter le savoir-faire des fournisseurs sur les composants qu'ils fournissent en donnant les grandeurs spécifiques caractérisant un problème particulier. Ainsi, les concepteurs, se basant sur ces grandeurs, peuvent résoudre d'une manière efficace les problèmes de conception et de choix de composants techniques.

3.1.2. Contexte de modélisation

Le couplage fort imposé entre classes et propriétés contribut à la

---

[11] ISO 10303-41 : 2000

modélisation précise en définissant les domaines d'application des propriétés et les critères d'appartenance pour les classes.

En complément, le modèle d'ontologies PLIB propose de distinguer les propriétés essentielles d'une classe, c'est-à-dire rigides [Guarino 00] (celles dont la valeur ne peut être modifiée sans que l'objet ne soit modifié) de celles qui sont contingentes et dépendantes du point de vue du concept représenté. Cette distinction est mise en place dans le modèle PLIB via trois catégories de classes :

- les classes de définition (*item class*), qui contiennent les propriétés essentielles d'une classe ;

- les classes de représentation (*functional model class*), qui contiennent les propriétés qui n'ont de sens que par rapport à un point de vue ;

- les classes de vue (*functional view class*), qui définissent la perspective dans laquelle les propriétés des classes de représentation sont définies.

Les propriétés définies dans une classe de représentation dépendant du point de vue non rigide, sont celles non essentielles et dont la valeur peut changer sans que cela ne change l'objet décrit [Pierra 08]. Les auteurs ont présenté un exemple de contexte de modélisation pour la mise en place de ces solutions. Ils considèrent une ontologie portant sur des *disques durs. La capacité* est une propriété essentielle et rigide pour un *disque dur :* tout *disque dur* a une *capacité.* Par contre, le *prix* d'un *disque* dur n'est pas une propriété rigide. Elle n'a de sens que si le concept de *disque dur* est défini dans une perspective marchande. Cette perspective mérite des précisions comme, par exemple, le *vendeur* ou la *date de vente, etc.* Sans l'ensemble de ces informations, la sémantique de la propriété *prix* ne sera définie que par un contexte implicite de modélisation. En conséquence, si une personne souhaite avoir une idée du prix minimum avec lequel elle peut acheter un *disque dur*, sa recherche ne produira des résultats pertinents que si toutes les sources de données qui référencent notre ontologie associent à leurs *disques durs un prix* correspondant à leurs propres *prix de vente.* Par contre, si un vendeur utilise cette ontologie pour indiquer un *prix de revient*, ou le *prix de gros* qu'il propose aux grandes surfaces, l'acheteur risque d'être surpris de la différence entre les prix pratiqués par son vendeur préféré et celui trouvé lors de sa recherche. Cet exemple montre l'importance de définir explicitement le contexte d'une propriété non rigide même au sein de l'ontologie. D'ailleurs, dans le cas où les acteurs sont des agents automatiques, la compréhension implicite du contexte n'a pas de sens. En utilisant le modèle PLIB, le concept de disque dur sera représenté par trois classes : (i) une classe de définition qui sera le domaine de la propriété (*capacité*), (ii) une classe de représentation définie comme vue de celle de définition qui sera le domaine de la propriété (*prix*) et (iii) une classe de vue liée à celle de représentation qui sera le domaine, par exemple, des propriétés (*date de vente, type d'acheteur* et *quantité minimale*).

Pour représenter le contexte de définition des classes et des propriétés, le modèle d'ontologie PLIB a proposé deux règles :

- une propriété ne peut pas être définie sans limiter son champ d'application à travers la classe où elle est significative ; cette classe constitue son contexte de définitions.

- une classe ne peut pas être définie sans définir les propriétés qui sont essentielles (rigides) pour ses instances ; ces propriétés constituent le contexte de définition de la classe.

3.1.3. Principes d'usage de contexte dans la norme PLIB

Dans ce cadre, Pierra propose cinq principes suivis par l'ontologie pour prendre en compte la notion du contexte en donnant les mécanismes proposés pour satisfaire chaque principe [Pierra 08].

- *Représentation du contexte de définition* : le contexte dans lequel chaque classe ou propriété est définie et représentée explicitement. Le mécanisme proposé consiste à représenter la définition de son contexte. Chaque propriété devrait être définie dans le contexte d'une classe définissant son domaine d'application. Pour minimiser sa sensibilité contextuelle, chaque classe doit définir toutes ses propriétés rigides au moins dans un contexte large et commun

- *Représentation du point de vue* : la perspective adoptée par l'équipe de modélisation lors de la conception de l'ontologie, acceptée dans certaines communautés, devrait être explicitement représentée. Le mécanisme proposé consiste à tester si plusieurs points de vue différents sont nécessaires pour l'ontologie du domaine cible. Une ontologie de perspectives devra être définie ou référencée. Ensuite, à chaque besoin perspectif doit correspondre une ontologie de domaine spécifique. Des perspectives différentes sur le même objet du monde réel doit être représenté soit par une instance agrégée soit par une multi-instanciation.

- *Localité du contexte d'interprétation* : l'importation de ressources d'une ontologie dans une autre peut être possible, tout en contrôlant l'impact du premier sur l'interprétation du dernier.

- *Représentation du contexte de valeur* : le contexte local dans lequel chaque valeur est évaluée doit être explicite. Le mécanisme proposé vise à tester si la valeur de la propriété d'une certaine instance d'une classe d'ontologie dépend de certaines évaluations de contexte ; cette évaluation de contexte doit être modélisée par des propriétés définies. Au cours de cette évaluation la propriété formelle devrait être modélisée comme l'une de ses fonctions.

- *Représentation des échelles de valeur* : la même magnitude (variation) de propriété peut être représentée par des valeurs différentes en fonction de certaines échelles. Ce dernier devrait être représenté explicitement au niveau de l'ontologie et au niveau de l'instance. Le mécanisme proposé est de tester si une valeur de propriété représente, par exemple, une quantité physique ou financière dans un domaine sensible, elle doit être mesurée en fonction d'une échelle précise.

D'autres travaux se sont confrontés aux problèmes de prise en compte de la notion de contexte lors de l'intégration de leurs ontologies. Nous appréhendons dans la sous-section suivante la gestion de la notion de contexte dans les ontologies médicales.

3.2. Gestion de contexte dans l'intégration des ontologies médicales

Le traitement du contexte dans un projet d'élaboration d'une terminologie médicale standard à travers l'intégration de plusieurs ontologies médicales, fait l'objet des travaux de [Bouquet 04]. La question que se posent les auteurs est : Comment les ontologies peuvent être contextuelles et peuvent acquérir certaines propriétés utiles alors qu'une approche partagée ne peut en fournir ? Les travaux de Bouquet considèrent une ontologie mise dans un contexte (*ontologie contextuelle*) quand son contenu est gardé localement (non partagé avec d'autres ontologies). Cette ontologie peut être mise en relation avec d'autres ontologies à travers une correspondance explicite. La solution a été *Context-OWL (C-OWL)* [Bouquet 03 a], une extension de la syntaxe et de la sémantique d'OWL pour tenir compte de la représentation des ontologies contextuelles.

3.2.1. Problèmes de coordination entre les ontologies médicales

Le problème d'intégration des ontologies médicales réside dans la coordination entre elles. Ce problème a été émergé dans l'intégration de trois ontologies médicales complexes : Galen du projet *GALEN* [Rector 93], Tambis (*Transparent Access to Bioinformatics Information* Sources) [Baker 99], et UMLS (*The Unified Medical Language System*) connu comme terminologie médicale [Stuart 02]. Dans l'étude présentée dans [Bouquet 04], il était clair que le partage mondial des ontologies médicales est difficile. Cette étude a montré comment la syntaxe et la sémantique d'OWL peuvent être étendues pour faire face à certaines défaillances. Dans ce cas, ils recourent à enrichir les ontologies pour faire face aux :

- *Orientation du flux d'information* : besoin de garder une trace de l'ontologie source et de cibler une information spécifique ;

- *Domaines locaux* : besoin d'abandonner l'hypothèse que toutes les ontologies sont interprétées dans un seul domaine globale ;

- *Correspondance (mapping) contextuelle* : besoin d'affirmer que deux éléments (concepts, rôles, individus) de deux ontologies, bien que différentes, sont liés contextuellement (par exemple ils font tous les deux références au même objet du monde réel). Comme exemple de correspondance contextuelle, ils ont supposé qu'ils ont une ontologie *O_FIAT* décrivant les voitures de point de vue fabricants et une ontologie *O_VENTE* décrivant les voitures d'un point de vue vendeurs de voitures. Les deux ontologies sont totalement indépendantes. Les deux concepts de voiture dans les deux ontologies, (*VENTE:voiture* et *FIAT:voiture*) sont différents. Les deux concepts ne sont pas équivalents et les instances *FIAT:voiture* n'appartiennent pas à *VENTE:voiture* et vice-versa. D'autre part, les deux concepts décrivent la même classe d'objets du monde réel à partir de deux points de vue différents. Il ne peut y avoir de nombreuses raisons de vouloir intégrer cette information. Par exemple, on pourrait souligner la nécessité de créer un nouveau concept qui contient (une partie de) l'information à *VENTE:voiture* et à *FIAT:Voiture*. Cette connexion ne peut pas être exprimée par les axiomes OWL [Bouquet 04].

L'étude réalisée par Bouquet a proposé une solution le C-OWL (Context OWL). Cette solution est une extension d'OWL par une sémantique qui permet de contextualiser les ontologies. Cette extension permet de localiser leurs composants et de faire une correspondance explicite (avec les propriétés rigides ou bridge rules) qui permet de limiter et de contrôler les formes de visibilité globale. Ils ont utilisé C-OWL pour les correspondances sémantiques entre eux. Ils ont montré comment, au moyen d'un raisonnement sémantique logique basé sur le C-OWL, les correspondances sémantiques supplémentaires peuvent être tirées sur la base d'un ensemble de correspondance initiale.

Dans les travaux d'intégration des ontologies médicales, nous avons constaté des difficultés d'intégrer des ontologies. Ces difficultés résident dans la diversité de représentation et de perception des concepts dans les ontologies.

3.2.2. Difficultés d'intégration des ontologies contextuelles médicales

Il existe des systèmes qui admettent plus qu'une ontologie, chacune définie dans un contexte particulier. Le besoin d'intégrer ces ontologies (qui peuvent être contextuelles) est devenu indispensable pour avoir une seule conceptualisation d'un système. Selon [Noy 00] [Wache 02] [Bouquet 03 b], chaque organisme peut développer sa (ses) propre(s) ontologie(s), correspondante(s) aux concepts qui conceptualisent les données qu'elle(s) manipule(nt) dans un contexte. Pour parvenir à l'intégration de ces ontologies, il faut parvenir à un accord entre toutes ces ontologies. Il existe plusieurs problèmes pour l'intégration de ces ontologies : différences de conceptualisation, différences de modélisation et différences terminologiques.

Pour les différences de conceptualisation, il existe trois types :

- Portée : deux classes peuvent sembler représenter le même concept, mais elles n'ont pas exactement les mêmes instances. Par exemple, toutes les administrations ont la même compréhension du terme « *employé* », pourtant dans la pratique un employé dans une entreprise peut avoir d'autres droits et de devoirs (différente qu'un autre) dans une autre entreprise.

- Recouvrement des ontologies : elles peuvent recouvrir une partie ou la globalité d'un sujet.

- La granularité avec laquelle les concepts sont décrits peut être fine comme très grossière.

Pour les différences de modélisation, il existe deux types :

- Les paradigmes utilisés peuvent être différents ; on pourra trouver des ontologies qui décrivent un cercle par un point et un rayon, d'autres par un ensemble de trois points.

- Les conventions de modélisation peuvent varier : on peut distinguer deux types de classes, on peut ajouter un attribut à la classe ou créer une nouvelle classe.

Pour les différences terminologiques, il existe trois types :

- Le même concept peut être représenté par différents termes synonymes. Un cas particulier étant le cas des ontologies basées sur un autre langage. Dans tous les cas, si le concept semble le même, il faut veiller à la différence de portée sous-jacente à l'utilisation de chacun des termes.

- Le même terme peut représenter différents concepts ; l'homonymie est un problème qui nécessite bien souvent l'intervention humaine.

- L'encodage des données au sein de l'ontologie diffère bien souvent, que ce soit pour les dates ou les unités (monnaie, distances, etc.).

Les concepteurs des systèmes d'information géographiques (SIG) ont mis, aussi, en valeur la gestion du contexte dans leurs travaux. Dans la sous-section suivante, nous découvrons leur vision.

3.3. Gestion de contexte dans les SIG

Un système d'information géographique[12] est un système informatique permettant, à partir de diverses sources, de rassembler et d'organiser, de gérer, d'analyser et de combiner, d'élaborer et de présenter des informations localisées géographiquement, contribuant notamment à la gestion de l'espace.

Les ontologies des SIG ont un problème qui est susceptible de provoquer l'hétérogénéité à savoir l'absence d'un accord sur le sens des concepts géographiques et des représentations utilisées. En effet, les informations géographiques existent mais leur intégration est très difficile pour avoir une signification car elles sont collectées de différents agents et généralement avec différentes propositions. Par conséquent, la vision, dans les SIG, est changée du format d'intégration à la sémantique d'intégration.

3.3.1. Hétérogénéité des sources de données géographiques

L'absence d'accord sur le sens des concepts géographiques et des représentations est un problème qui est susceptible de provoquer l'hétérogénéité des sources de données géographiques au niveau de l'ontologie. L'idée derrière l'approche peut être décrite selon les cinq points suivants.

Les contextes sont représentés d'une façon explicite, la connaissance contextuelle est associée aux représentations du contexte. Elle devrait guider toutes les facettes du comportement d'un agent [Turner 99].

La théorie sémantique du domaine géospatial utilise les ontologies multiples partant d'une ontologie générique de haut niveau arrivant aux ontologies spécifiques à l'application. Chaque ontologie est associée à un contexte. Ainsi, les ontologies peuvent être liées par des relations de généralisation /spécialisation selon leurs contextes.

L'idée d'exiger l'engagement ontologique commun est abandonnée. En effet, l'alignement du contexte et les connaissances contextuelles partagées forment une base pour aboutir à l'interprétation sémantique.

L'hétérogénéité des données au niveau de l'ontologie est cachée, tel que le cas des ontologies qui masquent l'hétérogénéité syntaxique des données.

Les ontologies utilisent les contextes pour assurer l'interopérabilité

---

[12] Société française de photogrammétrie et télédétection

entre différentes applications [Cai 07].

3.3.2. Sémantique d'intégration dans les SIG

Dans les SIG, la vision est changée du format d'intégration à la sémantique d'intégration. Les informations existent mais leur intégration est très difficile pour avoir une signification car elles sont collectées de différents agents et généralement avec différentes propositions. Par exemple, le segment (*ligne*), pour [Fonseca 02], est un concept appartenant aux composants de l'ontologie structurelle d'une image (carte géographique). Il est défini clairement par des propriétés géométriques. Les lignes peuvent prendre des rôles différents dans le domaine des ontologies selon des communautés différentes d'utilisateurs. Ils ont suggéré, pour cela, l'utilisation de la notion de rôle d'une entité. Généralement le rôle est lié à la notion de temps. Un objet peut jouer plusieurs rôles tout au long de son cycle de vie. La nouvelle génération des SIG est caractérisée, par l'utilisation des ontologies et les multiples contextes, pour achever l'interopérabilité sémantique.

Les problèmes des SIG, selon [Guoray 07], étaient comment répondre aux besoins d'une personne via une requête qui contient des termes non exacts pour lui fournir une information spatio-temporelle. Cependant, il faut répondre la question suivante : *Dans quel contexte est posée une requête* ? En effet, le contexte, selon Guoray, est un schéma conceptuel qui englobe un grand nombre de situations qui changent les unes des autres et qui influence le comportement des agents. Une situation est un ensemble de dispositifs de l'entourage de l'environnement d'une action (physique ou sociale). Rappelons que les ontologies de domaine sont construites en capturant un ensemble de concepts et de liens selon un contexte donné. Un contexte selon [Benslimane 03] est considéré comme étant des critères tels que le paradigme d'abstraction, la granularité, l'intérêt des communautés d'utilisateurs et la perception du développeur d'ontologie. Ainsi, le même domaine peut avoir plus qu'une ontologie, où chacune d'elles est décrite dans un contexte particulier. Les concepts dans une ontologie mono-contextulle sont définis avec une et une seule représentation pour un contexte donné. Leur motivation est de voir comment ils peuvent décrire l'ontologie selon plusieurs contextes en même temps. Cette interopérabilité sémantique n'est pas facile à réaliser car la connaissance peut être décrite en plusieurs termes en utilisant des suppositions et des structures de données différentes. Les ontologies de multi-représentation (OMR) peuvent réaliser cette intégration. Une OMR caractérise un concept par un ensemble variable de propriétés ou d'attributs dans divers contextes. Ainsi dans leur OMR, un concept est défini selon plusieurs représentations sachant qu'une représentation est valable pour un contexte. Les auteurs proposent alors une extension de la logique de description tout en prenant en compte le mécanisme d'estampage [Spaccapiatra 99]. Les auteurs de [Rifaieh 04] considèrent une OMR comme un ensemble d'ontologies qui est remonté sans être intégrée afin d'avoir une représentation globale. Par conséquent, l'ontologie contextuelle est une ontologie qui est gardée localement mais inter-liée avec d'autres ontologies par une relation traçante entre les concepts.

3.4. Etude comparative entre les domaines couplant Ontologie et Contexte

Avec le modèle PLIB, les ontologies permettent de représenter explicitement à la fois le contexte de modélisation et le contexte d'évaluation des propriétés ce qui est essentiel dans le domaine technique. Cette représentation explicite du contexte suppose que les utilisateurs ont à la fois une maîtrise des différentes vues et du contenu de l'ontologie. Dans ce modèle, nous avons remarqué que l'utilisateur n'est pas assisté pour définir le contexte. Il existe un certain nombre de constructeurs pour expliciter le contexte mais il n'existe pas de mécanismes d'interfaçage entre l'utilisateur et le modèle.

Pour l'intégration des ontologies médicales, nous avons constaté que la contextualisation des ontologies à travers le langage C-OWL permet d'intégrer plusieurs ontologies contextuelles dans une seule. Cette intégration reste difficile comme montrée, précédemment (section 3.2.2), malgré les différentes techniques proposées.

Les SIG utilisent l'ontologie de multi-représentation (OMR). Elle est dédiée aux traitements des informations géographiques et spatiales. Elle dépasse la difficulté de l'intégration des ontologies contextuelles et permet d'ajouter d'autres définitions d'un concept selon d'autres contextes. Vu ce succès réalisé par ce type d'ontologie dans les SIG, nous tirons profit de ce type d'ontologie afin de l'utiliser pour surmonter quelques problèmes lors de la spécification des besoins (SB).

A partir de l'étude comparative entre les domaines couplant l'ontologie et le contexte, nous avons constaté que ce couplage a permis de résoudre un certain nombre de problèmes liés aux interprétations des concepts.

4. PROBLEME DE MULTITUDE DE REPRESENTATIONS ET DE CONTEXTES LORS DE LA SB

Rappelons les problèmes de SB cités dans le premier chapitre (section 2.2.2) nous nous intéressons particulièrement aux problèmes de multitude de représentation et de contexte.

En effet, les besoins peuvent être spécifiés selon différentes représentations : informelles, semi-formelles ou formelles, d'où le problème de la multitude de représentation au niveau de la SB. A titre d'exemple, la figure II.10, présente deux types de représentation de SB pour le même système. Ces deux représentations exposent des besoins isolés afin d'aboutir au besoin global du même système. La première représentation est informelle et la deuxième qui est semi-formelle sous forme d'un Diagramme de Cas d'Utilisation (DCU) d'UML [Muller 02].

Spécification textuelle des besoins
Le tuteur, en se connectant au site, doit s'authentifier afin de consulter ses profils et passer dans l'espace correspondant et à la liste de ses privilèges accordés par l'administrateur de la plate-forme. Dans la plate-forme du rectorat de l'académie de Toulouse, un tuteur gère un document électronique. Pour cela il peut : (i) Créer un document électronique, (ii) Attacher un document électronique, (iii) Modifier un document électronique, (vi) Détruire un document électronique, (v) Imprimer un document électronique, (vi) Consulter un document électronique. ...

SB selon une représentation textuelle (a)

Tuteur

Gérer support pédagogique

« include »

S'authentifier

SB selon une représentation semi-formelle
(diagramme des cas d'utilisation) (b)

Figure II. 10 : SB d'un système d'enseignement à distance selon deux représentations différentes

Dans la SB, un besoin peut être spécifié selon différents contextes. Cette multitude de contextes peut être bénéfique au système de point de vue ouverture aux différents environnements. Cependant, cette multitude de contextes peut gêner considérablement l'élaboration du système dans le cas où les besoins sont multi-interprétés causés par cette diversité de contextes des utilisateurs. A titre d'exemple, la figure II.11 présente deux SB présentées selon le même type de représentation (DCU). Les deux SB présentent le même besoin "*S'inscrire*". Par ailleurs, une interview a été réalisée avec les deux utilisateurs qui ont spécifié ces besoins. Nous avons pu dégager que ce même besoin est différent pour les deux utilisateurs à travers les actions réalisées par chaque besoin. Le premier utilisateur exprime son besoin pour l'inscription à la plateforme. Pour le deuxième, le besoin "S'inscrire" a pour objectif d'une inscription à un cours en ligne. En effet, cette différence est due à la multitude de contexte de chaque utilisateur lors de la SB.

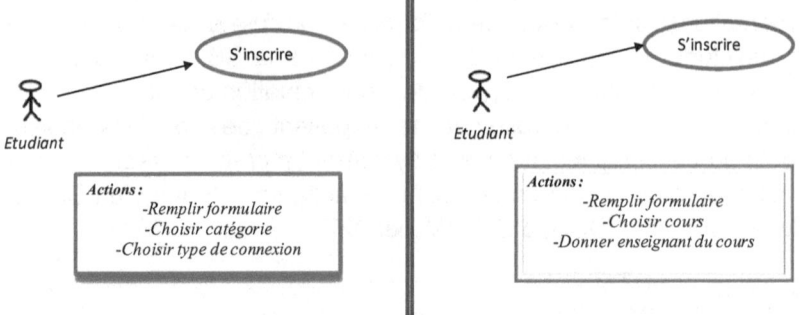

Figure II. 11 : Problème de modélisation des besoins selon des contextes

À partir de ces deux représentations, nous pouvons constater qu'il n'existe pas une seule manière de voir un besoin du système en raison de la multitude des perceptions et des représentations qui peuvent être accordées au contexte d'usage. Chaque point de vue implique une représentation différente de la réalité. Dans le cas de la SB, selon différents acteurs ou utilisateurs, la notion de multi-représentation prend toute sa dimension. Cette multi-représentation englobe la multitude de représentations et de contextes. En effet, chaque utilisateur, admettant un contexte particulier, peut spécifier ses besoins différemment selon une représentation particulière. Cette multitude possible d'un même besoin s'avère gênante, en particulier, dans le cas d'un travail de conception collaboratif. Lors de cette étape, plusieurs constats peuvent être faits. Un même concept peut être présenté sous une forme qui varie en fonction du contexte et de la représentation. Il peut être interprété différemment selon le contexte dans lequel il est spécifié. Par voie de conséquence, plusieurs problèmes, lors de cette étape, peuvent alors émerger, par exemple :

- Risque d'incohérence entre les différentes SB provenant des utilisateurs admettant des contextes différents.

- Difficulté de correspondance entre les différentes représentations des besoins.

- Difficulté d'intégrer les besoins dans un référentiel en prenant en compte les aspects de multi-contexte et de multi-représentation.

Nous orientons notre réflexion vers l'utilisation des ontologies connues par leurs apports incontestables au niveau de la représentation des connaissances. Elles sont généralement utilisées pour remédier aux problèmes sémantiques. Pour les problèmes de multi-contexte, nous procédons à une modélisation multi-contextuelle des besoins. Afin de remédier à ces problèmes et assister les futurs utilisateurs dans l'expression de leurs besoins, nous proposons une ontologie. Cette dernière prendra en compte la variation de contextes et la multi-représentation des besoins. Dans la plupart des cas, quand plusieurs utilisateurs essaient de se mettre d'accord sur une ontologie commune, ils sont déjà placés dans des contextes différents. En particulier, dans un environnement ouvert comme celui d'Internet, il est très difficile d'obtenir un agrément commun sur une représentation partagée des connaissances d'un domaine. Cette situation est principalement due aux différents contextes dans lesquels les participants sont placés.

5. NOTRE PROPOSITION

L'ontologie présente les concepts-clés, les attributs et les instances relatifs à un domaine donné. Pour cela, nous précisons le rôle des ontologies de domaine. Les acteurs d'un même domaine doivent tout d'abord adhérer à une ontologie de domaine commune. L'avantage de cette solution est de limiter le rôle de l'ontologie de domaine à une description minimale des concepts communs, facilitant ainsi l'adhésion des fournisseurs de services [Mrissa 07]. Cette ontologie de domaine est générale et ne permet pas de prendre en compte les différents besoins qui peuvent être exprimés dans différents contextes. La solution à cet inconvénient est la prise en compte des ontologies contextuelles associées contenant leurs sémantiques locales.

Les ontologies doivent évoluer et s'adapter aux besoins de changements et de transformations. L'importance de l'appréhension du contexte en informatique est largement reconnue. Une ontologie contextuelle a pour but de décrire le contexte d'un concept de l'ontologie de domaine [Rifaieh 06]. Pour un domaine particulier, il peut y avoir plusieurs ontologies contextuelles où chacune d'elles est décrite dans un contexte particulier. Ces ontologies sont appelées, selon [Benslimane 03], une ontologie de mono-représentation. Ainsi, à chaque contexte on associe une ontologie contextuelle. Pour un domaine assez complexe, nous pouvons avoir un nombre important de contextes. Dans ce cas, pour avoir une ontologie de référence pour ce type de domaine, il faut intégrer les différentes ontologies contextuelles. Cette intégration reste difficile à accomplir. Pour cette raison, nous avons pensé à une seule ontologie admettant les multitudes de contextes et de représentations.

Nous visons une ontologie qui est liée à plusieurs contextes en même temps. Une telle ontologie est appelée une ontologie de multi-représentation [Benslimane 03]. Cette dernière est une ontologie qui caractérise un concept ontologique par un ensemble variable de propriétés ou d'attributs dans plusieurs contextes.

En effet, l'utilisation d'une seule ontologie (ontologie de multi-représentation ou OMR) est très sollicitée à cause de la difficulté de l'intégration des ontologies contextuelles. Avec cette ontologie, nous pouvons représenter les informations multi-contextes dans une même ontologie et nous bénéficions des avantages de l'explicitation des contextes (à travers des propriétés dépendantes du contexte).

Plusieurs recherches postulent que la sémantique est un contexte dépendant. En effet, l'interprétation des concepts dépend en particulier du contexte dans lequel les concepts sont employés. Par conséquent, une ontologie devrait fournir des définitions et des structures de données contextuelles pour représenter la diversité des perceptions et des réflexions. Le contexte employé comme une vue utilisateur permet ainsi de choisir un sous-ensemble de l'ontologie.

Pour la résolution des problèmes posés lors de l'étape de SB nous proposons l'utilisation d'une OMR pour les raisons suivantes [Mtibaa 07] :

- Difficultés d'intégration des ontologies contextuelles.

- Manque de connaissances, parfois, chez les utilisateurs des ontologies et de leurs contenus.

- Garder les définitions des concepts non contextuels valables pour tous les contextes (modéliser le contextuel par le non contextuel dans les ontologies de multi-représentation).

- Intégration des différents besoins représentés selon les différents contextes et représentations.

- Flexibilité sémantique : possibilité d'ajouter d'autres définitions d'un concept suivant un autre contexte dans la même ontologie.

Particulièrement nous envisageons couvrir l'étape de SB d'un système en proposant une ontologie afin surmonter la multitude de contextes et de représentations tout en impliquant les utilisateurs à exprimer leurs besoins. La mise en œuvre de cette ontologie passe par un ensemble d'étapes. Ces étapes débutent par une acquisition des besoins accordés à divers contextes en utilisant différentes techniques de SB passant par l'extraction des concepts pertinents afin de les comparer et d'étendre l'ontologie initiale jusqu'à l'assistance de l'utilisateur pour spécifier ses besoins. Dans un deuxième volet, nous proposons une modélisation de l'OMR pour la SB en formalisant ses concepts. Dans un troisième volet, nous mettons en œuvre l'ontologie proposée à travers un atelier de génie logiciel en proposant un prototype pour la SB. Néanmoins, l'assistance de l'utilisateur se voit primordiale pour ce type de projet.

Plus précisément, le principal objectif de notre contribution consiste à proposer une approche d'aide à la SB en partant des besoins spécifiés par l'utilisateur et en tenant compte la multitude de représentations et de contextes. Cette approche permet l'acquisition des besoins utilisateurs d'un domaine donné sous différentes formes de représentations (informelles ou semi-formelles). Ces besoins seront, par la suite, convertis en modèle pivot. Ensuite, une extraction des concepts à partir des besoins spécifiés sera effectuée afin de comparer les besoins acquis aux besoins existants dans une ontologie.

6. CONCLUSION

Dans ce chapitre, nous avons passé en revue sur la notion de contexte. Nous avons abordé, ensuite, son usage dans certaines ontologies. Dans un troisième temps, nous avons exposé une étude comparative sur ces travaux en synthétisant par le couplage entre une ontologie de multi-représentation et la SB multi-contextes. Suite à cette étude, il apparaît que la mise en place d'une OMR pour la SB est une tâche sollicitée et exige plusieurs efforts. En plus, une bonne expertise de l'analyste et une bonne connaissance de l'utilisateur permettent de dépasser quelques problèmes qui provoquent l'échec de tout le projet.

Ainsi, l'enjeu réside dans le fait d'assister l'utilisateur et l'analyste pendant l'étape de spécification des besoins et spécialement la prise en compte de l'aspect collaboratif dans un système assez complexe. Une bonne définition des besoins doit tenir compte de certains aspects essentiels pour la réussite du système, à l'instar de la SB.

Dans ce cadre, nous proposons une approche de construction d'une ontologie pour la SB. Cette ontologie sera utilisée comme un outil d'aide à la SB, permettant de guider les utilisateurs et les analystes du système pour détecter et surmonter la multitude de contextes et de représentations.

Nous présentons, dans le chapitre suivant, l'ontologie de multi-représentation proposée et sa mise en œuvre.

PARTIE II

PROPOSITION D'UNE ONTOLOGIE DE MULTI-REPRESENTATION POUR LA SPECIFICATION DES BESOINS MULTI-CONTEXTES

CHAPITRE III : ONTOLOGIE DE MULTI-REPRESENTATION POUR LA SB MULTI-CONTEXTES

1. INTRODUCTION

Dans le cadre de la spécification des besoins (SB), les concepteurs trouvent des difficultés dans l'analyse des exigences des utilisateurs. Ces difficultés sont dues à la divergence des perceptions et centres d'intérêt des utilisateurs et des organismes. Cette divergence nécessite de comprendre et de modéliser les processus de fonctionnement et d'organisation des systèmes d'information afin d'obtenir une vision globale et cohérente des besoins utilisateurs. Ces besoins doivent être bien exprimés et bien étudiés en raison de la complexité des systèmes informatiques, l'augmentation continue du volume d'informations partagées, la divergence des contextes des utilisateurs, etc.

Notre travail s'intéresse essentiellement à la représentation des besoins utilisateurs afin de proposer de meilleures solutions répondant à leurs exigences. Cependant, la communication entre expert et utilisateur est extrêmement difficile. Ces deux acteurs n'utilisent pas la même terminologie ce qui entraine souvent une divergence des sens accordés aux besoins exprimés par les utilisateurs. Certains utilisateurs ne peuvent pas formuler clairement leurs exigences et points de vue. L'ingénierie des besoins a pour finalité d'assurer une meilleure communication entre les acteurs du système d'information, entrainant par là une meilleure compréhension des besoins des opérationnels en vue de réaliser un système conforme aux objectifs fixés. Elle a pour tâche de fournir une spécification des besoins aussi complète et documentée que possible en utilisant des formats adaptés pour la représentation, assurant ainsi une communication suffisante entre les différents acteurs impliqués [Pohl 96]. Toutefois, l'expert est confronté à la réticence des utilisateurs à exprimer leurs besoins en détail.

Dans cette optique, nous proposons l'utilisation d'une ontologie pour la SB afin de résoudre quelques problèmes liés à l'interprétation sémantique des besoins. Cette ontologie, baptisée ontologie de multi-représentation (OMR), est composée de deux couches : une couche *noyau* et une couche *contextuelle*.

Ce chapitre présente l'approche de mise en œuvre de l'OMR pour la SB visant à surmonter les problèmes de multitude de contextes et de représentations. Cette approche est mise en relief par un cas pratique issu du domaine du e-learning pour illustrer ses différentes étapes.

2. DOMAINE D'ETUDE : E-LEARNING

La spécification des besoins doit prendre en compte plusieurs paramètres, en l'occurrence, la multitude de contextes qui entraîne une sémantique différente des besoins et la multitude de représentations provoquant une variation dans la modélisation de ces mêmes besoins. La multitude de contextes peut entrainer des problèmes de redondance et d'incohérence des besoins aux développeurs du système d'information. Ces problèmes peuvent compliquer considérablement la réalisation du système ce qui a motivé la recherche des solutions pour assister les futurs utilisateurs à spécifier leurs besoins multi-contextes. Afin de mieux comprendre notre proposition, nous avons choisi un domaine d'étude. Nous avons opté pour le domaine du e-learning (*electronic learning*/enseignement à distance) en raison de l'intérêt de ce domaine et sa richesse. En plus, plusieurs études ont montré l'existence de liens entre les approches pédagogiques et les contextes socioculturels du e-learning.

2.1. E-learning en Tunisie et sa mise à l'échelle

Le domaine du e-learning en Tunisie commence à avoir de l'écho après l'augmentation continue du nombre d'étudiants dans le milieu universitaire. En effet, ce nombre qui était d'environ 68 000 étudiants en 1990-1991 a dépassé les 250 000 en 2002 – 2003 et a atteint 360172 en 2008 – 2009, selon les statistiques du ministère de l'enseignement supérieur et de la recherche[13] en 2010. Face à cette augmentation, l'Etat Tunisien a commencé à promouvoir la formation à distance en encourageant les projets de mise en place de ce nouveau type d'enseignement. Pour atteindre cet objectif, des

---

[13] www.mes.tn

stages de formation ont été préparés pour les enseignants avec le soutien et la coopération de l'AUF (Agence Universitaire de la Francophonie). Les enseignements ont surtout bénéficié des formations en pédagogie numérique et la mise en place de leurs cours en ligne. Pour diverses raisons (économiques, pédagogiques, etc.), le e-learning a été lancé en Tunisie à travers la création, en 2002, de l'Université Virtuelle de Tunis (UVT) chargée de la gestion du nouveau mode d'enseignement à distance.

2.2. Définitions et caractéristiques du e-learning

L'e-learning est défini comme un type d'enseignement interactif suivi par télématique, par ordinateur et par réseau informatisé [Walckiers 04]. Il existe plusieurs formes du e-learning dont les plus connues sont : (i) l'enseignement totalement à distance (apprentissage en ligne entièrement à distance), (ii) l'enseignement mixte ou blended learning (apprentissage en ligne et apprentissage présentiel en face à face avec le tuteur), (iii) l'enseignement en mode synchrone dans lequel, l'enseignement se fait en temps réel et (iv) l'enseignement en mode asynchrone dans lequel le tuteur (enseignant, responsable pédagogique, etc.) et apprenant (étudiant, élève, etc.) communiquent via une plate-forme mais pas nécessairement en même temps. L'e-learning se base sur des systèmes d'évaluation permettant de visualiser les résultats des apprenants. La plate-forme doit offrir aux apprenants le moyen de suivre une formation en ligne riche et semblable à celle en présentiel. Nous admettons, dans notre cas, l'enseignement en mode asynchrone. Les principaux acteurs de ce système sont :

i. *Etudiant* : cet acteur doit saisir ses coordonnés d'identification au système d'authentification pour accéder à son profil, consulter les cours offerts, participer au forum, etc.

ii. *Tuteur* : cet acteur, quant à lui, peut s'authentifier auprès du système d'authentification, gérer un cours (contenu pédagogique), partager des fichiers, suivre les différents types de discussion, répondre aux questions posées sur les modules qu'il enseigne, etc.

iii. *Administrateur* : cet acteur a pour tâche l'administration des comptes utilisateurs et la création des différents profils. Il doit gérer les différentes sections ou filières, etc.

Les trois acteurs, en se connectant au site, doivent s'authentifier afin de consulter leurs profils. Chaque acteur peut passer dans l'espace correspondant et peut accéder à une liste de privilèges accordés par l'administrateur. L'authentification est donc un traitement commun pour les trois acteurs. A travers chaque authentification, une nouvelle session est ouverte offrant un espace spécifique à l'acteur concerné. Selon l'emplacement et l'environnement socioculturel des usagers, le contexte de l'acteur peut changer du fait que les services administratifs et académiques ainsi que leurs organisations peuvent varier d'une académie à une autre et d'un pays à l'autre. Nous prenons l'exemple de trois localisations de rectorats académiques différents qui désirent établir une plate-forme du e-learning dans leurs modes d'enseignement : *Rectorat de Sfax en Tunisie (RST)*, *Rectorat de l'Académie de Toulouse en France (RATF)* et *Entreprise de formation (Ese)*. Concernant les techniques de SB et pour des raisons de simplicité, nous nous contentons de deux représentations : informelle (SB *textuelle*) et semi-formelle (*diagramme de cas d'utilisation (DCU)*). Un extrait de cette étude de ces SB est présenté dans l'Annexe 1. Le nombre de représentations et de contextes élève à dix-huit le nombre de SB[14]. Avec cette hétérogénéité et pour des raisons de simplification, nous présentons seulement neuf SB en présentant un tableau récapitulatif des besoins avec leurs descriptions (actions et opérations).

L'étude des SB présentées dans l'annexe 1, nous a permis de constater le problème de multitude de contextes et de représentations. En effet, le même besoin peut être exprimé différemment, ce qui entraîne un problème de redondance. Des équivalences ou des inclusions entre les besoins entraînent leur incohérence. Les concepteurs et les réalisateurs du système sont ainsi confrontés aux problèmes : (i) de divergence des contextes, (ii) d'hétérogénéité des représentations des SB et (iii) d'identification des ressemblances entre les besoins. Pour réaliser ce type de système collaboratif et pour satisfaire les besoins des différents utilisateurs, nous faisons recours à une ontologie.

La suite de ce chapitre est structurée comme suit. La section 3 définit la modélisation de l'OMR en multicouches. La section, qui suit, développe les composants de l'OMR. La section 5 met l'accent sur l'aspect contextuel d'un concept besoin. Enfin, un aperçu de notre approche de mise en place d'une OMR pour la SB est exposé.

3. CARACTERISTIQUES DE L'ONTOLOGIE DE MULTI-REPRESENTATION

Notre contribution vise à assister les utilisateurs pendant l'étape de SB qui est considérée comme une étape cruciale durant le cycle de vie de développement d'un système informatique. Afin d'atteindre cet objectif, nous proposons la mise en œuvre d'une ontologie de multi-représentation (OMR)

---

[14] 3 acteurs * 3 contextes * 2 représentations.

pour la SB multi-contextes et multi-représentés. La construction de telle ontologie nécessite l'utilisation d'un processus permettant d'insérer les nouveaux besoins à l'ontologie. L'OMR ainsi proposée, [Mtibaa 06], intervient dans la résolution de certains problèmes liés à l'interprétation sémantique des besoins.

Dans cette vision, nous proposons une modélisation de l'OMR constituée de deux couches. Une couche noyau représentée par une ontologie du domaine et une couche contextuelle pour supporter la multitude de contextes. Nous supposons que les différents contextes dans lesquels est accordé un besoin sont des visions partielles mais complémentaires : plusieurs interprétations sont possibles pour le même besoin. Chacune d'elles est relative à un contexte donné. En effet, chaque besoin est vu différemment selon le contexte dans lequel il est spécifié. Nous considérons un contexte comme "*un ensemble de paramètres qui donne une signification particulière à un concept besoin afin d'être interprété convenablement dans un système collaboratif donné*" [Mtibaa 08]. La figure III.1 présente l'OMR avec la combinaison de ces deux couches (ontologie de domaine + couche ontologique contextuelle).

3.1. Couche noyau

La première couche de l'OMR constitue une ontologie de domaine. Cette couche contient les concepts pertinents d'un domaine tout en mettant en relief les relations qui les relient. Les concepts du noyau sont valables pour · tous les contextes. Ils représentent les entités qui définissent l'existence du domaine ciblé par l'ontologie. Le concept est l'unité de base de description du vocabulaire d'une ontologie. Cependant, le concept besoin est défini, au sein du noyau, par des propriétés en termes d'actions qui servent pour la définition de sa sémantique. Pour certaines ontologies, la sémantique d'un concept est décrite au travers des attributs représentant ses propriétés. Les relations entre les concepts sont les liens organisant les concepts en représentant un type particulier d'interaction. Pour supporter la multitude de contextes, une couche ontologique contextuelle est ajoutée à l'ontologie noyau.

Nous considérons une ontologie initiale, pour le domaine e-learning, construite selon la démarche déjà proposée au sein de notre équipe de recherche [Mtibaa 05] [Mhiri 05] [Mhiri 06]. Cette ontologie sera alimentée, après son premier passage dans notre approche, par les concepts extraits. Après la prise en compte des spécificités de la SB, cette ontologie sera étendue par l'aspect contextuel.

3.2. Couche contextuelle

Un besoin peut avoir plusieurs interprétations selon le contexte dans lequel il est spécifié. Ces interprétations partent des concepts et des relations. Néanmoins, chaque interprétation présente des spécificités liées au contexte. En effet, un *concept besoin* peut admettre plusieurs visions. Une vision est considérée comme la projection contextuelle d'un besoin de la vision globale (couche noyau) vers la vision locale. Les visions des concepts de la couche noyau se projettent à la couche contextuelle. Par ailleurs, le contexte est une vision locale d'un univers de discours d'un ensemble de besoins pour un domaine donné. Cette projection se manifeste par les propriétés particulières qui appartiennent à un contexte donné. Chaque contexte est caractérisé par un ensemble de paramètres. La définition d'un concept selon plusieurs contextes dans notre ontologie de multi-représentation pour la SB représente une certaine flexibilité sémantique. Cette flexibilité présente le point fort de ce type d'ontologie. La couche noyau étendue avec la couche contextuelle représente l'OMR proposée.

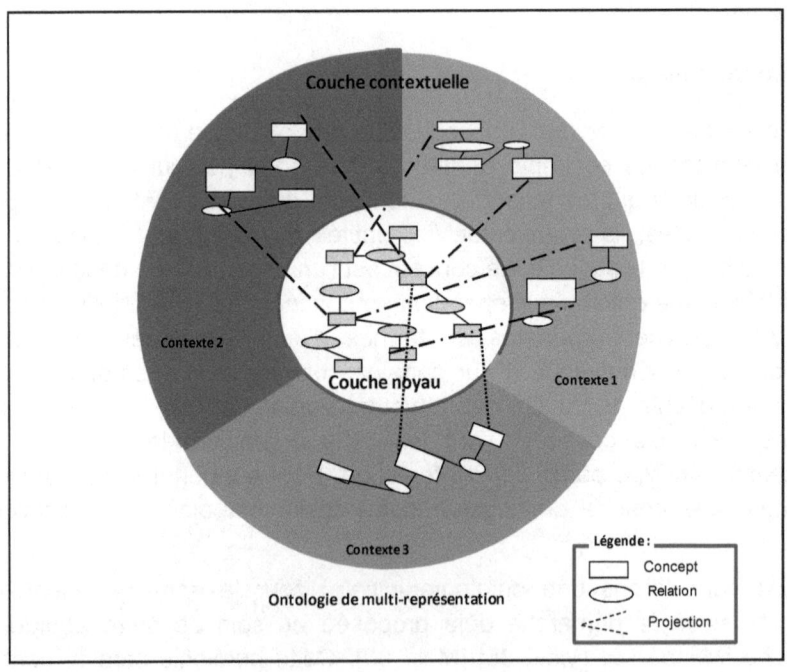

Figure III. 1 : Modèle de l'OMR [Mtibaa 08]

Dans la figure III.1, l'ontologie noyau est composée par des concepts et des relations entre ces concepts. Chaque concept admet un ensemble de propriétés, communes pour tous les contextes. Les concepts de l'ontologie noyau seront projetés selon des interprétations de la couche supérieure. Ceci nous permet de dire que les concepts projetés dans la couche contextuelle admettent des propriétés particulières pour chaque contexte. A son tour, chaque contexte admet ses propres paramètres contextuels.

Dans la figure III.1, l'ontologie noyau est composée par des concepts et des relations entre ces concepts. Chaque concept admet un ensemble de propriétés, communes pour tous les contextes. Les concepts de l'ontologie noyau seront projetés selon des interprétations de la couche supérieure. Ceci nous permet de dire que les concepts projetés dans la couche contextuelle admettent des propriétés particulières pour chaque contexte. A son tour, chaque contexte admet ses propres paramètres contextuels.

3.3. Exemple illustratif du modèle de l'OMR

Avant de passer à la présentation des différents composants de notre OMR, nous donnons un exemple illustratif du modèle proposé. La figure III.2, marque la multicouche de l'OMR en exposant un besoin "*S'inscrire*" tiré du domaine d'étude (*e-learning*). Ce besoin est interprété différemment dans trois contextes. Il dispose, dans l'ontologie noyau, d'une propriété commune "*Remplir formulaire*" pour les trois contextes.

Dans l'ontologie de domaine, le besoin "*S'inscrire*" est lié à d'autres concepts possédant des propriétés particulières dans chaque contexte. Pour le premier contexte, il admet trois propriétés particulières "*Participer à un cours*", "*Participer à un TD*" et "*Participer à un TP*". Pour le deuxième contexte, il a deux propriétés, à savoir, "*S'inscrire à une plate-forme*" et "*Sélectionner une catégorie d'inscription*". Pour le troisième contexte, nous avons une seule propriété particulière "*Choisir une catégorie*". Cet exemple simplifié nous montre la multicouche de l'OMR. Le premier aspect est commun et statique. Il permet de donner une vue semblable pour tous les contextes considérés. Le deuxième aspect donne une certaine flexibilité au concept besoin afin d'être multi-interprété dans les différents contextes. Nous admettons le contexte comme une vision d'un acteur à travers une OMR [Mtibaa 09 b].

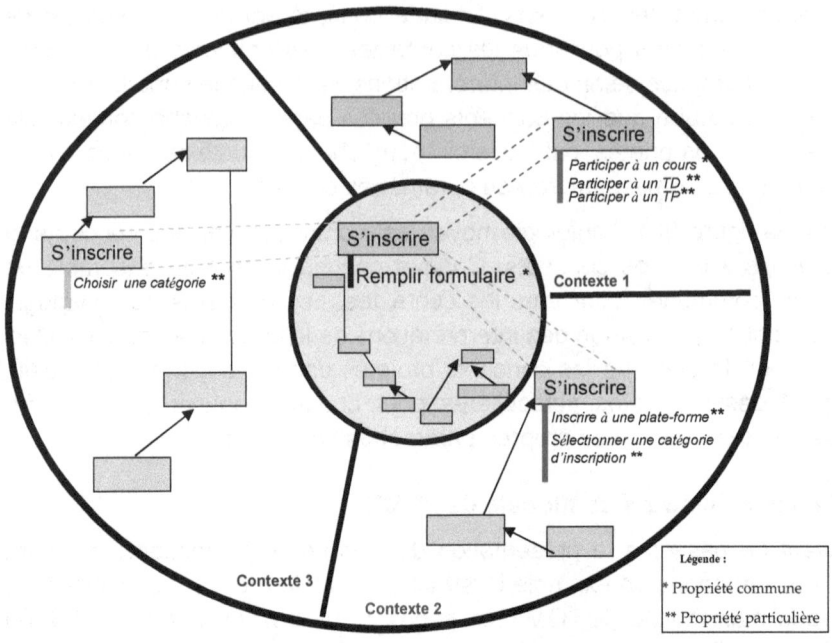

Figure III. 2 : Exemple d'un TB dans notre modèle de l'OMR

Dans la section suivante, nous précisons les composants de notre OMR.

4. COMPOSANTS DE L'OMR

Une ontologie est vue comme un ensemble de concepts et de relations destinée à représenter les objets du monde sous une forme compréhensible. L'ontologie proposée s'aligne avec cette définition.

Notre OMR est composée de *concepts* (C) et de *relations* (R) :

- Les concepts sont de deux types : *besoin* et *contexte (C → (B, Cxt)).* Un concept besoin *B* est défini par son *nom* et ses *propriétés (B → (NB, P)).* Ces dernières sont subdivisées en deux types : les propriétés communes *(PC)* existant dans la couche noyau et les propriétés particulières *(PP)* pour un contexte donné *(P → (PC, PP)).* Les propriétés particulières sont considérées comme spécificité d'un besoin de la vision globale (noyau) vers une vision contextuelle. Cette vision est le résultat de la projection d'un besoin de la couche noyau sur la couche contextuelle. Cette projection est modélisée, dans la figure III.3, par le lien entre la classe *Propriété particulière* et le deuxième type de concept à savoir la classe *Contexte*. Ce dernier est défini par son nom et les paramètres contextuels *(Cxt → (NC, Pr))*.

- Les relations, qui peuvent exister entre deux *concepts besoin*, sont classées en trois types : relations *structurelles*, relations *sémantiques* et relations *lexicographiques*. Les relations structurelles sont dépendantes de la représentation utilisée. En effet, dans le cas d'une représentation semi-formelle selon le modèle du diagramme des cas d'utilisation étendu, nous pouvons avoir des relations structurelles comme *est-un, étend et inclus*. Les relations sémantiques peuvent être : *équivalence, partie-de, identité* et *disjonction*. Les relations lexicographiques retenues dans notre ontologie sont la *synonymie* et l'*homonymie*.

Les relations structurelles supportées par notre ontologie sont *est_un, étend et inclus* qui sont habituellement utilisées dans le diagramme de cas d'utilisation de UML. Les relations sémantiques retenues dans notre OMR sont l'*équivalence, partie_de, disjonction et identité*.

- *Relation d'équivalence :* Deux besoins B1 et B2 sont équivalents, s'ils ont différents *noms*, les mêmes *propriétés communes* et partagent certaines *propriétés particulières* dans un même contexte.

- *Relation partie_de :* Un besoins B1 est *partie_de* besoin B2, s'ils ont différents *noms*, les *propriétés communes* de *B1* sont incluses dans les *propriétés communes de B2* et les *propriétés particulières* de *B1* sont incluses dans les *propriétés particulières* de *B1*.

- *Relation disjonction :* Deux besoins B1 et B2 sont disjoints, s'ils ont différents noms et aucune propriété commune.

- *Relation d'identité :* Deux besoins B1 et B2 sont identiques, s'ils ont les mêmes noms, les mêmes *propriétés communes* et les mêmes *propriétés particulières* dans un même contexte.

Les relations lexicographiques utilisées dans notre OMR sont la *synonymie* et l'homonymie.

- *Relation de Synonymie :* Deux besoins B1 et B2 sont synonymes, s'ils ont différents *noms*, les mêmes *propriétés communes* et les mêmes *propriétés particulières* dans un même contexte.

- *Relation d'Homonymie :* Deux besoins B1 et B2 sont homonymes, s'ils ont les mêmes *noms*, mais des *propriétés communes* et *propriétés particulières* différentes dans un même contexte.

Le tableau III.1 présente les définitions des composants de l'ontologie de multi-représentation.

Tableau III. 1 : Composant de l'OMR

Notation	Désignation
O → (C, R)	Ontologie est composée de *Concept* (C) et *Relation* (R)
C → (B,Cxt)	Concept peut être : *Besoin* et *Contexte*
B → (NB, P)	Besoin est définit par son *Nom* et ses *Propriétés*
P → (PC, PP)	Ensemble des propriétés *P* est composé de *Propriété Commune* et *Propriété Particulière*
Cxt → (NC, Pr)	Contexte est identifié par son *Nom* et ses *Paramètres contextuels*
Pr → (Localisation ‖ Temps ‖ Activité ‖ Acteur ‖ Environnement physique)	Paramètres contextuels que nous admettons sont en nombre de cinq : *Localisation, Temps, Activité, Acteur, et Environnement physique*
R → Rst ‖ Rse ‖ Rlx	Ensemble de relations *R* comporte trois types de relations, à savoir, les *Relations structurelles (Rst)*, les *Relations sémantiques (Rse)* et les *Relations lexicographiques (Rlx)*
Rst → est_un ‖ étend ‖ inclus	Rst comprend les relations *est_un, étend et inclus*
Rse → équivalent ‖ partie_de ‖ disjonction ‖ identité	Rse comprend les relations d'*équivalence, partie_de, disjonction et identité*
Rlx → synonymie ‖ homonymie	Rlx est composée de la *synonymie et d'homonymie*

La figure III.3 présente les composants de notre OMR suivant le méta-modèle UML.

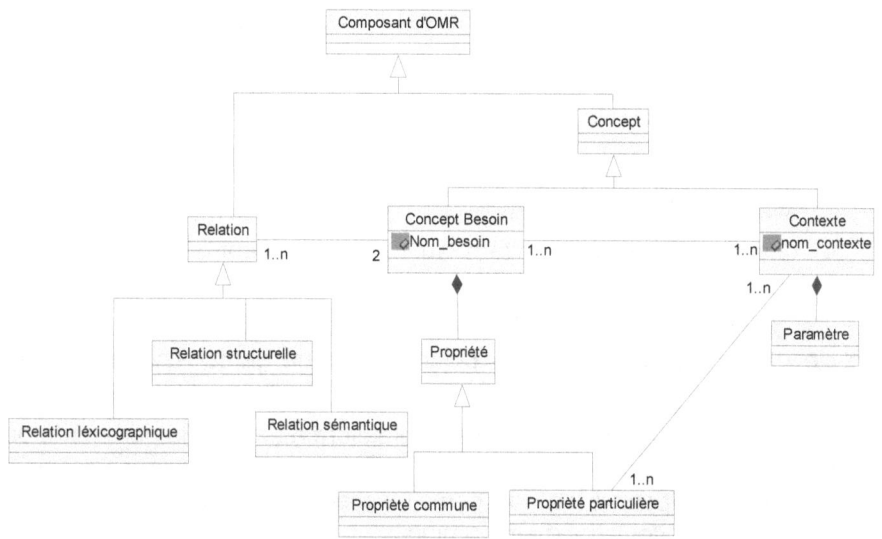

Figure III. 3 : Diagramme de classes décrivant les composants d'OMR [Mtibaa 09 b]

5. ASPECT CONTEXTUEL D'UN CONCEPT BESOIN

L'aspect contextuel d'un besoin a été pris en compte dans l'OMR à travers les paramètres contextuels afin de détecter le contexte dans lequel le besoin est spécifié. Ces paramètres contextuels dépendent du domaine étudié et sont donc à spécifier avec précaution.

Lors de la définition des paramètres contextuels, il survient une ambiguïté entre qu'est ce qu'un paramètre de contexte et qu'est ce qu'un type ou catégorie de contexte. Nous considérons qu'un paramètre est une information qui aide à comprendre le contexte actuel ou courant et à l'exploiter et les types de contextes aident à classifier des informations de contexte mais pas à choisir une action en réponse.

Les paramètres contextuels ainsi que leur nombre varient suivant le domaine d'étude. Pour le domaine du e-learning, nous avons retenu cinq paramètres, à savoir, *Utilisateur, Activité, Localisation, Environnement physique* et *Temps*. Ce choix est étendu à deux autres domaines : médical et système d'information géographique (SIG). Nous avons etudié les sources d'information sur le contexte de ces trois domaines car le contexte prend son ampleur dans les besoins utilisateur de ces domaines. La figure III.4 présente les paramètres contextuels déterminés à partir des domaines étudiés. Notre étude se base sur trois sources d'information.

La première source d'informations est l'utilisateur lui même. Citons les exemples suivant :

(i) Le médecin et la clinique dans laquelle il travaille pour le domaine médical,

(ii) Le conducteur de voiture et la région dans laquelle il conduit pour le domaine SIG et

(iii) L'apprenant et l'université à laquelle il appartient dans le cas du e-learning.

La deuxième source d'informations sur la communication concerne l'activité de l'utilisateur et de son planning afin de garder l'historique des activités.

Pour la source d'informations de la plateforme utilisée, le paramètre de l'environnement physique change selon l'application. Nous prenons l'exemple du type d'appareil pour le cas du domaine médical ainsi que le SIG et de l'adresse IP pour le domaine du e-learning.

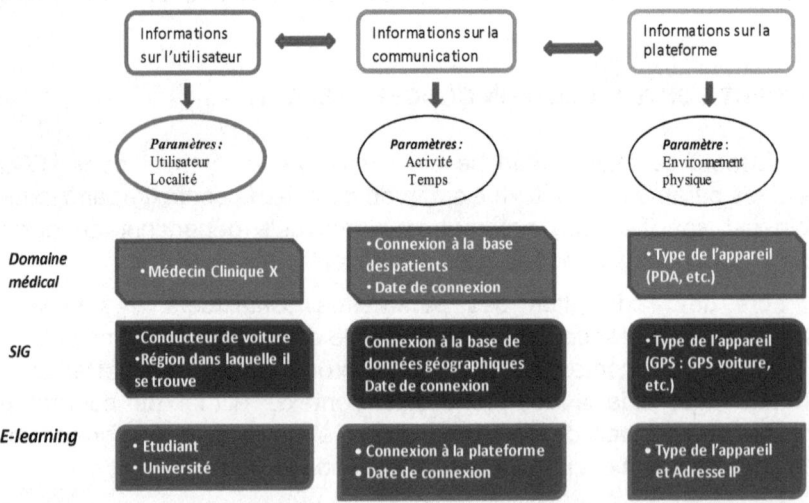

Figure III. 4 : Paramètres contextuels pour les domaines : médical, SIG et e-learning.

La plupart des domaines admettent quatre types de contextes afin de dégager le contexte global. Nous avons le contexte personnel à partir duquel nous pouvons avoir le premier paramètre contextuel "*Utilisateur*". Le deuxième contexte concrétise la tâche ou l'activité à effectuer. Nous dégageons, alors, le paramètre "*Activité*". Nous trouvons aussi le contexte spatio-temporel à partir duquel nous dégageons les deux paramètres contextuels "*Localisation*" et "*Temps*". Finalement, nous avons le contexte physique qui se traduit par le paramètre contextuel "*Environnement physique*". Le premier paramètre, "*utilisateur*", peut être subdivisé en deux sous paramètres "*Profil*" et "*Préférences*". De même le dernier paramètre peut être réparti en deux sous paramètres : "*Appareil*" et "*Réseau*". La figure III.5 présente la décomposition des paramètres contextuels en sous paramètres en présentant des exemples tirés du domaine du e-learning.

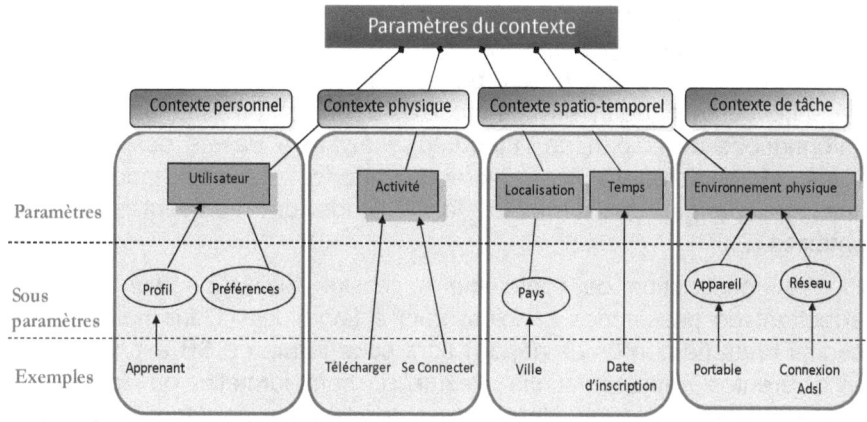

Figure III. 5 : Hiérarchie des paramètres du contexte

Les paramètres contextuels ne sont pas tous statiques pour tous les domaines. Les deux premières sources d'informations semblent appropriées à toute application (Interface Homme Machine). Pour la troisième, source d'information sur la plateforme, le contexte dépend soit de l'adresse IP, soit du type du terminal, soit d'autres paramètres.

Comme nous l'avons déjà indiqué, les paramètres contextuels changent selon le domaine d'étude. Les paramètres, pour notre cas d'étude, sont définis comme suit :

- *Utilisateur :* représente le profil de l'utilisateur, ses propriétés physiques et mentales (*nom, prénom, sa fonction, etc.*).

- *Activité :* représente les activités, les tâches et les buts de l'utilisateur.

- *Localisation :* la localisation géographique de l'utilisateur.

- *Environnement physique* : les dispositifs, le réseau et les différents types de matériaux utilisés par l'utilisateur.
- *Temps* : l'historique des actions, la date et l'heure du système.

6. APERÇU DE L'APPROCHE DE MISE EN PLACE D'UNE OMR POUR LA SB

Dans cette thèse, nous nous intéressons à l'assistance de l'utilisateur dans la SB à travers la proposition de deux modèles de SB et d'une ontologie. Cette assistance permet de dépasser certains problèmes d'ambiguïté, d'incohérence et d'éviter l'omission des informations des besoins. A cet effet, nous proposons une approche de mise en œuvre d'une ontologie de multi-représentation pour la SB multi-contextes et multi-représentés. Cette approche est basée sur une ontologie jouant le rôle de référentiel sémantique et sur des modèles permettant d'acquérir le maximum d'informations de la part de l'utilisateur/analyste à travers des interactions faciles et compréhensibles. L'interdépendance de ces modèles avec l'ontologie permet de surmonter la multitude de représentations et de contextes.

La construction de l'ontologie nécessite l'utilisation d'un processus permettant de passer des besoins bruts à l'ontologie. Dans notre cas, les besoins bruts (le corpus de départ) sont sous forme de SB exprimées avec de différentes représentations (textuelle, semi-formelle ou formelle) et validées par les analystes. Nous sous-entendons par validation, des besoins ainsi que leurs propriétés conformes aux spécificités du domaine. En effet, le rôle de l'ontologie proposée est l'assistance de l'utilisateur lors de la spécification de ses besoins. Ainsi, l'approche place l'utilisateur au centre du processus de la SB.

Pour ce faire, nous commençons par acquérir les besoins, exprimés par les utilisateurs, à partir desquels, nous procéderons à une phase de prétraitement afin de faciliter l'extraction des concepts qui seront l'input des étapes de comparaison et d'extension de l'ontologie. Afin d'aider l'utilisateur à spécifier ses besoins, nous proposons l'usage de deux modèles basés sur deux techniques fréquemment utilisées. Le premier modèle est textuel et se base sur la spécification textuelle en essayant de dépasser un certain nombre d'ambiguïtés. Le deuxième modèle part du diagramme de cas d'utilisation pour y ajouter un nombre de fonctionnalités aidant à décrire le besoin par un ensemble d'actions. Quant à l'ontologie de multi-représentation proposée, elle sert à représenter les besoins d'un système à réaliser et d'expliciter les connaissances des acteurs intervenant dans l'étape de SB. En plus, elle permet d'exprimer la sémantique des besoins utilisateur selon les contextes dont ils sont accordés et d'en vérifier leur conformité.

Les étapes de notre approche sont au nombre de cinq [Mtibaa 09 a] (cf., figure III.6). Nous commençons par l'acquisition des besoins des utilisateurs d'un domaine donné selon différentes représentations (informelles, semi-formelles ou formelles). La deuxième étape définit le prétraitement des SB afin de les convertir dans un format unifié. L'extraction des concepts représente la troisième étape et permet d'extraire les concepts. Ces concepts seront investis dans la quatrième étape de comparaison entre les connaissances qui existent dans l'ontologie (supposée initiale et construite à partir des concepts pertinents pour un domaine donné) et les nouveaux concepts extraits des nouvelles SB. Cette comparaison se base sur deux critères, à savoir, les propriétés des besoins et les paramètres contextuels. Finalement, la cinquième étape consiste en une extension de l'ontologie par les nouveaux besoins exprimés récemment par les utilisateurs, en les accordant à leurs contextes respectifs.

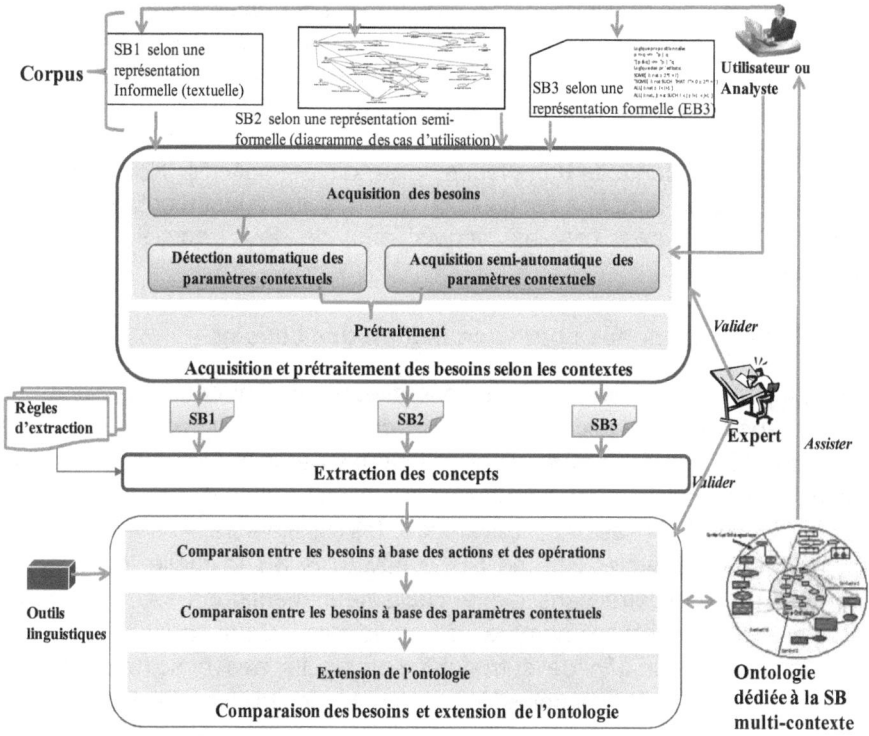

Figure III. 6 : Approche de mise en œuvre de l'OMR [Mtibaa 09 a]

Dans la suite de cette section, nous développons les différentes étapes de cette approche afin de mettre en place une OMR pour la SB.

6.1. Acquisition et prétraitement

L'acquisition des besoins est un exercice difficile qui doit être bien préparé. L'analyste doit avoir un esprit ouvert et être à l'écoute de l'utilisateur en préparant un ensemble de questions précises sans préjugés. L'acquisition et le prétraitement des besoins font appel à l'utilisateur et à l'analyste. L'utilisateur système exprime ses besoins sans savoir nécessairement toutes les techniques de spécification des besoins disponibles. L'analyste spécifie les besoins exprimés arbitrairement par l'utilisateur. L'expert du domaine admet une vision globale du système et possède plus de connaissances à modéliser.

Nous considérons qu'un besoin est caractérisé par son nom, ses propriétés (actions) et ses paramètres contextuels. Toutefois, le choix arbitraire des techniques de SB peut provoquer certain problèmes à notre approche de mise en place d'une ontologie de multi-représentation. En effet, les techniques sont multiples et les utilisateurs sont confrontés à l'oubli et à l'incomplétude des idées représentant leurs besoins. De ce fait, nous proposons de mettre en place des modèles d'acquisition des besoins spécifiés et accordés à divers contextes et de définir des paramètres contextuels. A partir de ces paramètres, nous pouvons, dans un premier temps, déduire le contexte dans lequel le besoin est spécifié. Nous passons, dans un deuxième temps, à l'acquisition des besoins avant d'entamer l'étape de prétraitement des besoins acquis afin de les traduire dans une spécification pivot.

6.1.1. Modèles proposés pour l'acquisition des besoins

La plupart des analystes et des concepteurs utilisent deux techniques de SB : la spécification textuelle des besoins et le diagramme des cas d'utilisation (DCU) d'UML. Ces deux techniques peuvent être substituées par deux modèles similaires sur lesquels se base l'acquisition des besoins afin de la simplifier et pour assister davantage les utilisateurs à spécifier leurs besoins. Pour le premier type de SB, à savoir, la SB textuelle, nous avons opté pour un formulaire dans lequel l'utilisateur mentionne ses besoins en répondant à un certain nombre de questions. Cette méthode permet d'orienter l'utilisateur afin de surmonter l'ambiguïté des besoins au format textuel, d'expliciter les besoins implicites et de faciliter l'extraction des concepts.

Pour le deuxième modèle, nous proposons d'étendre le DCU avec certaines fonctionnalités car ce type de diagramme, dans sa version classique, ne prend pas en compte les actions à réaliser pour chaque besoin [Mtibaa 06]. Ces actions restent prescrites dans les scénarios des cas d'utilisation qui correspondent à la documentation des DCU [Ali 09]. Elles ne sont donc pas prises en compte dans les DCU. De ce fait, nous avons prescrit pour chaque besoin indiqué dans un cas d'utilisation, les actions qui correspondent aux propriétés du besoin. A travers ces propriétés, nous pouvons savoir exactement l'objectif de l'utilisateur de ce besoin. Dans le modèle textuel, nous avons mis en relief, aussi, ces propriétés à travers un ensemble d'opérations à remplir de la part de l'utilisateur pour chaque besoin spécifié.

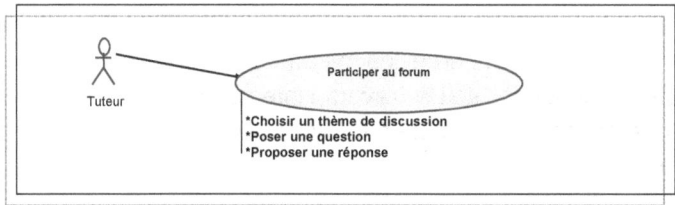

Figure III. 7 : SB selon le modèle de représentation des besoins utilisateur : DCU étendu

A titre d'exemple, nous présentons, dans les figures III.7 et III.8, deux SB selon les deux modèles. L'utilisateur dans cet exemple est le *Tuteur* du domaine *d'e-learning*. Cet utilisateur spécifie son premier besoin *"participer au forum"* selon un DCU et spécifie son deuxième besoin *"Chatter"* selon le modèle textuel. Les actions du besoin *"participer au forum"* sont graphiquement signalées avec le cas d'utilisation. Les actions du besoin *"Chatter"* sont données sous forme d'opérations (*OPi*).

```
Spécification textuelle des besoins :
Localisation : Rectorat académique de Toulouse en France
Activité : Communication
Temps : 2008-2009
Acteur : Tuteur
Besoin : Chatter
    OP 1 : Poser une question
    OP 2 : Répondre à une question
```

Figure III. 8 : SB selon une représentation textuelle

Les propriétés d'un besoin peuvent être extraites à partir des modèles proposés, alors que les paramètres contextuels doivent être explicités. L'acquisition des besoins fait l'objet de la section suivante.

6.1.2. Acquisition des besoins

Rappelons que dans notre approche, visant une SB assistée, nous proposons de recueillir les besoins moyennant les modèles proposés. L'acquisition des besoins doit être conforme aux modèles de SB définis. Elle fournira les éléments de base pour la SB. Les besoins sont donc spécifiés à travers l'interaction avec des formulaires habituellement adaptés pour les utilisateurs. Chaque besoin est acquis avec ses propriétés et ses paramètres contextuels.

Les propriétés des besoins sont extraites des modèles proposés. Elles sont définies comme opérations dans le modèle textuel et des actions dans le modèle de DCU. En ce qui concerne les paramètres contextuels, il existe deux manières de les acquérir : soit à travers l'interaction avec les modèles proposés soit par détection automatique à partir de l'environnement physique (*terminal utilisé, adresse IP, etc.*).

6.1.3. Prétraitement des besoins

L'étape de prétraitement des besoins permet de transférer les informations exprimées dans différentes représentations en une représentation commune pour faciliter la phase d'extraction des besoins. Nous avons orienté notre traduction vers le langage de balisage standard (*XML*). En effet, XML est un standard permettant décrire la syntaxe et la sémantique des données, et d'échanger de documents entre les applications informatiques.

Cette étape repose sur un ensemble de règles, qui seront détaillées dans le chapitre suivant. Comme résultat de l'étape de prétraitement, nous avons les SB converties dans une spécification pivot afin de résoudre leur hétérogénéité. Dans ces SB exprimées en une spécification pivot, nous trouvons toutes les informations acquises des différentes SB. A titre d'exemple, la figure III.9 montre deux SB en modèle pivot, générées à partir des deux besoins figurant dans les figures III.7 et III.8, après les deux étapes d'acquisition et de prétraitement des besoins. Ces SB exprimées en modèle pivot seront l'input de l'étape suivante d'extraction des concepts.

```
<?xml version="1.0" encoding="UTF-8" ?>          <?xml version="1.0" encoding="UTF-8" ?>
<besoin>                                         <besoin>
<nom_besoin> participer au forum </nom_besoin>   <nom_besoin>chatter </nom_besoin>
<représentation> DCU </représentation >          <représentation > Textuel </représentation >
<propriétés>                                      <propriétés>
<pr_1 > choisir un thème de discussion</pr_1>    <pr_1> poser une question </pr_1 >
<pr _2> poser une question </pr _2>              <pr_2> répondre à une question </pr_2>
<pr_3> proposer une réponse </pr_3>              </propriétés>
</propriétés>                                     <paramètres>
<paramètres>                                      <localisation> Rectorat académique de Toulouse
<localisation> Rectorat de Sfax </localisation>   </localisation>
<acteur> Tuteur </acteur>                         <acteur> Tuteur </acteur>
<activité> Communication </activité>              <activité> Communication </activité>
<temps> 2008-2009 </temps>                        <Temps> 2008-2009 </Temps>
<adresse_IP> 192.68.2.2 </adresse_IP>             <adresse_IP> 192.68.0.6 </adresse_IP>
</paramètres>                                      </paramètres>
</besoin>                                          </besoin>
```

Figure III. 9 : Deux SB selon le modèle pivot [Mtibaa 06]

6.2. Extraction des concepts

Dans cette étape, nous tirons profit de toutes les informations acquises pendant les deux premières étapes de notre approche. En effet, l'entrée de cette étape est un besoin décrit conformément au modèle pivot qui modélise les composants d'un besoin.

Tableau III. 2 : Extraction des besoins en format tabulaire

	Nom Besoin	Propriétés	Paramètres contextuels
Besoin 1	Participer au forum	-Choisir un thème de discussion -Poser une question -Proposer une réponse	-Acteur : Tuteur -Activité : Communication -Localisation : RST -Time : 2008/2009 -Adresse_IP : 192.68.2.2
Besoin 2	Chatter	-Poser une question -Répondre à une question	-Acteur : Tuteur -Activité : Communication -Localisation : RATF -Time : 2008/2009 -Adresse_IP : 192.68.0.6

A partir de ce modèle, nous dégageons les concepts des besoins à savoir le nom du besoin, ses propriétés et ses paramètres contextuels. Dans cette étape, nous déterminons l'ensemble des concepts susceptibles d'alimenter l'ontologie.

A titre d'exemple, le tableau III.2 présente les deux besoins acquis et traités dans les deux étapes précédentes en extrayant toutes les informations pertinentes. Le résultat de l'étape d'extraction est présenté dans le tableau III.1.

6.3. Comparaison et extension

Quant à l'étape d'alimentation, elle permet de comparer les informations extraites à partir des nouvelles SB avec celles qui existent dans l'ontologie. Cette étape permet d'une part de déterminer les relations entre les nouveaux besoins avec ceux qui existent dans l'ontologie. D'autre part, elle permet d'étendre l'ontologie par de nouveaux concepts. L'étape d'extension de l'ontologie se réalise au fur et à mesure des deux phases de comparaison.

L'étape de comparaison est subdivisée en deux phases. La première comparaison se base sur les propriétés (opérations et actions des besoins). La deuxième se fonde sur les informations contextuelles. Ces informations sont les paramètres contextuels ainsi que les propriétés particulières ou locales au contexte. Nous admettons que les propriétés d'un besoin sont classées en deux types. Celles qui sont globales ou communes pour tous les contextes et d'autres qui sont locales ou particulières pour un contexte donné. Les étapes de comparaison et d'extension seront développées dans le chapitre IV.

7. CONCLUSION

Dans ce chapitre, nous avons présenté notre approche de mise en œuvre d'une ontologie de multi-représentation. Cette approche permet d'extraire les besoins ainsi que les concepts pertinents pour la mise en relief de l'OMR pour la SB. Cette extraction n'est réalisée qu'après les étapes d'acquisition et de prétraitement des besoins. Nous avons proposé une modélisation multicouche de l'ontologie. Une couche dite noyau dans laquelle nous distinguons les concepts d'un domaine. Une couche, contextuelle, représente les informations locales pour chaque contexte.

Le chapitre suivant, détaille les étapes de l'approche proposée et formalise l'ontologie obtenue avec la logique de description étendue.

CHAPITRE IV : MISE EN ŒUVRE ET FORMALISATION DE L'ONTOLOGIE DE MULTI-REPRESENTATION

1. INTRODUCTION

L'approche de mise en œuvre de l'OMR nécessite la définition d'un ensemble de règles permettant de détailler ses différentes étapes. Dans ce chapitre, nous commençons par la définition d'un ensemble de règles permettant de transformer les modèles de spécifications de besoins d'entrée en un modèle pivot. Ensuite, nous détaillons l'étape d'alimentation de l'OMR. Elle consiste, dans un premier volet, à définir les règles de correspondance entre les concepts du modèle pivot en OWL. Dans un deuxième volet, nous proposons un algorithme de comparaison basé sur deux critères, à savoir, les propriétés et les paramètres contextuels.

Rappelons qu'une ontologie permet de structurer l'ensemble des concepts ainsi que leurs relations caractérisant un domaine donné. Cependant, il existe plusieurs formalismes de représentation des ontologies. Ces formalismes offrent un support formel à la composition de concepts et à leurs relations. En effet, pour mettre en évidence l'OMR, nous formalisons ses concepts en logique de description étendue. L'ontologie ainsi obtenue peut être visualisée selon différents niveaux d'abstraction.

2. TRANSFORMATION DES MODELES DE BESOINS EN MODELE PIVOT

Afin de faciliter l'extraction des concepts décrivant les besoins, l'étape de transformation des modèles de besoins en modèle pivot est une étape importante. Le passage par un modèle pivot admet un double objectif. D'une part, il permet à l'utilisateur de visualiser ses besoins définis pour des éventuelles corrections. D'autre part, il permet de surmonter le problème d'hétérogénéité des modèles de représentation des besoins. Rappelons que l'acquisition des besoins dans notre approche se réalise à travers deux modèles de besoins, à savoir, le modèle textuel et le modèle de DCU étendu.

Concernant le modèle textuel, la transformation des besoins décrits selon ce modèle est effectuée conformément à la DTD (cf. figure IV.1) qui définit la structure du modèle pivot.

```
<?xml version="1.0" encoding="UTF-8"?>
<!--DTD    generated    by    XMLSpy    v2011    rel.    2
(http://www.altova.com)-->
<!ELEMENT type (#PCDATA)>
<!ELEMENT temps ((nom))>
<!ELEMENT tb ((nom, act-op))>
<!ATTLIST tb numero CDATA >
<!ELEMENT representation ((type))>
<!ELEMENT    parametre    ((localisation,    temps,    activite,
adresse, acteur))>
<!ELEMENT nom (#PCDATA)>
<!ELEMENT localisation ((nom))>
<!ELEMENT contexte ((parametre))>
<!ELEMENT adresse ((nom))>
<!ELEMENT activite ((nom))>
<!ELEMENT acteur ((nom))>
<!ATTLIST acteur numero CDATA >
<!ELEMENT act-op (#PCDATA)>
<!ELEMEN
T SB ((representation, contexte, tb))>
<!ATTLIST SB    nomBesoin CDATA >
```

Figure IV. 1 : DTD du modèle pivot

Le modèle en DCU étendu est réalisé avec un atelier de génie logiciel (AGL). Ce dernier permet, après la phase d'acquisition, de générer un document (fichier) en format "xmi". Ce document contient toutes les informations décrivant les besoins ainsi que d'autres informations d'ordre technique. En effet, la transformation de ce modèle de besoins en modèle pivot passe par une étape de prétraitement permettant la purification afin de conserver les informations pertinentes des besoins et éliminer les informations d'ordre techniques. Les informations pertinentes des besoins correspondent aux concepts relatifs à la composition de l'OMR proposée.

La transformation se base sur un ensemble de règles. Ces règles assurent la récupération à partir d'un document xmi, contenant les besoins acquis, des balises définies selon la DTD (Figure IV.1). Pour cette récupération, nous avons utilisé le langage Xquery pour interroger le document "xmi". Par la suite, nous présentons des exemples de requêtes :

– déterminer le paramètre *localisation*

```
<localisation>
{let $d := doc($uri)//XMI.content/UML:Model
return
    <nom>
    {$d/string(@name)}
    </nom> }
</localisation>
```

– déterminer le paramètre *Temps*

```
<temps>
{
let $d := doc($uri)//XMI.content/UML:Model/UML:Namespace.ownedElement
for $v in $d/UML:UseCase/UML:ModelElement.taggedValue/UML:TaggedValue
for $a in $d/UML:TagDefinition
where $v/UML:TaggedValue.type/UML:TagDefinition/@xmi.idref=$a/@xmi.id
and  $a/@name='annee'
return
<nom>
{$v/UML:TaggedValue.dataValue/text()}
</nom> }
</temps>
```

– déterminer le paramètre *activité*

```
<activite>
{
let $d := doc($uri)//XMI.content/UML:Model/UML:Namespace.ownedElement
for $v in $d/UML:UseCase/UML:ModelElement.taggedValue/UML:TaggedValue
for $a in $d/UML:TagDefinition
where $v/UML:TaggedValue.type/UML:TagDefinition/@xmi.idref=$a/@xmi.id
and  $a/@name='activite'
return
<nom>
{$v/UML:TaggedValue.dataValue/text()}
```

```
</nom>
}
</activite>
```

- déterminer le paramètre *Adresse*

```
<adresse><nom>
{data($adr)}</nom>
</adresse>
```

- déterminer le paramètre *Acteur*

```
{
for $d in doc($uri)//XMI.content/UML:Model//UML:Actor[@isAbstract = 'false']
for $i in  $d/position()
return
<acteur numero="{$i}">
      <nom>
      {$d/string(@name)}
      </nom>
</acteur>
}
```

- déterminer le concept *Besoin* ainsi que ses *propriétés* (opération, action)

```
{
let $f := doc($uri)//XMI.content/UML:Model//UML:UseCase[@isAbstract = "false"]
for $j in  $f/position()
return
        <tb numero="{$j}">
                <nom>
                {$f/string(@name)}
                </nom>
{
let $d := doc($uri)//XMI.content/UML:Model/UML:Namespace.ownedElement
for $v in $d/UML:UseCase/UML:ModelElement.taggedValue/UML:TaggedValue
for $a in $d/UML:TagDefinition
where   $v/UML:TaggedValue.type/UML:TagDefinition/@xmi.idref=$a/@xmi.id
and $a/@name=""
and $a/@name!="annee"
and $a/@name!="activite"
return
<op>
{$v/UML:TaggedValue.dataValue/text()}
</op>
}}
```

Après l'extraction des concepts, basée sur la correspondance entre le modèle pivot en XML et le langage OWL, nous entamons, dans le paragraphe suivant la dernière étape de l'approche, à savoir, l'alimentation de l'OMR.

3. ALIMENTATION DE L'OMR

L'étape d'alimentation des besoins se base sur la comparaison des concepts extraits d'une nouvelle SB avec les concepts existant dans l'OMR. Cependant cette ontologie est construite dans le langage ontologique OWL (voir annexe 2) alors que le nouveau besoin est défini en modèle pivot (XML). Par conséquent, une correspondance de ce besoin en OWL est envisagée afin de comparer deux structures homogènes et de minimiser la complexité de la comparaison. Cette étape est utilisée pour l'extension de l'OMR par les besoins ainsi que leurs propriétés et les paramètres contextuels.

Afin d'assurer l'alimentation de l'ontologie, trois phases interviennent. Nous commençons par la transformation des concepts du modèle pivot en OWL, suivie par une phase de comparaison à base des propriétés pour arriver enfin à la comparaison à base des paramètres contextuels.

3.1. Transformation des concepts du modèle pivot en OWL

XML et OWL reposent sur la notion de balise pour décrire les documents. Néanmoins, les balises en XML sont définies par l'utilisateur tandis qu'avec OWL les balises sont prédéfinies (exemple : *<owl:Class>*, *<owl:ObjectProperty>*). Par conséquent, une étape de correspondance entre les concepts décrits par le modèle pivot et les balises prédéfinies en OWL est envisagée.

Les concepts de besoin sont modélisés respectivement selon la DTD du modèle pivot (voir figure IV.1). Par conséquent, chaque concept est une classe dans la syntaxe *owl:Class*. Les relations entre *owl:Class* sont des *owl:ObjectProperty* qui ne sont pas définies dans le fichier XML (sachant que les *owl:DataProperty* forment le contenu de chaque *owl:Class*). Le tableau IV.1 présente pour chaque concept exprimé en XML son correspondant en OWL.

Tableau IV. 1 : Correspondance entre les concepts du modèle pivot et OWL

Concept exprimé en XML	Concept exprimé en OWL
`<!ELEMENT SB ((representation, contexte, tb))>` `<!ATTLIST SB nomBesoin CDATA >`	*<owl:DatatypeProperty rdf:ID="has_name_tb">*
`<!ELEMENT representation ((type))>` `<!ELEMENT type (#PCDATA)>`	*<owl:Class rdf:ID="TEXTUAL">* *<rdfs:subClassOf>* *<owl:Class rdf:ID="REPRESENTATION"/>* *</rdfs:subClassOf>* *</owl:Class>* *<owl:Class rdf:ID="DCU">* *<rdfs:subClassOf* *rdf:resource="#REPRESENTATION"/>* *</owl:Class>*
`<!ELEMENT contexte ((parametre))>`	*<owl:someValuesFrom>* *<owl:Class rdf:ID="CONTEXT"/>* *</owl:someValuesFrom>*
`<!ELEMENT parametre ((localisation, temps, activite, adresse, acteur))>`	*<rdfs:subClassOf>* *<owl:Class rdf:ID="PARAMETER"/>* *</rdfs:subClassOf>* *<owl:onProperty>* *<owl:ObjectProperty rdf:ID="has_parameter"/>* *</owl:onProperty>* *<owl:intersectionOf rdf:parseType="Collection">* *<owl:Class rdf:ID="ACTIVITY"/>* *<owl:Class rdf:about="#LOCATION"/>* *<owl:Class rdf:about="#PHYSICAL_ENV"/>* *<owl:Class rdf:about="#TIME"/>* *<owl:Class rdf:about="#USER"/>* *</owl:intersectionOf>*

<!ELEMENT localisation ((nom))>	*<rdfs:subClassOf>* *<owl:Class rdf:ID="LOCATION">* *</rdfs:subClassOf>*
<!ELEMENT temps ((nom))>	*<rdfs:subClassOf>* *<owl:Class rdf:ID="TIME"/>* *</rdfs:subClassOf>*
<!ELEMENT adresse ((nom))>	*<owl:DatatypeProperty rdf:ID="adress">* *<rdfs:domain rdf:resource="#IPADDRESS"/>* *<rdfs:range* *rdf:resource="http://www.w3.org/2001/XMLSchema#stri ng"/>* *</owl:DatatypeProperty>*
<!ELEMENT activite ((nom))>	*<rdfs:subClassOf>* *<owl:Class rdf:ID="ACTIVITY"/>* *</rdfs:subClassOf>*
<!ELEMENT acteur ((nom))>	*<rdfs:subClassOf>* *<owl:Class rdf:ID="USER"/>* *</rdfs:subClassOf>*
<!ELEMENT nom (#PCDATA)>	*<owl:DatatypeProperty rdf:ID="name">*
<!ELEMENT tb ((nom, act-op))> **<!ATTLIST tb numero CDATA >**	*<owl:Class>* *<owl:intersectionOf rdf:parseType="Collection">* *<owl:Restriction>* *<owl:onProperty>* *<owl:ObjectProperty rdf:ID="composed_of_propp"/>* *</owl:onProperty>* *<owl:allValuesFrom>* *<owl:Class rdf:ID="PROP_PART"/>* *</owl:allValuesFrom>* *</owl:Restriction>* *<owl:Restriction>* *<owl:onProperty>* *<owl:ObjectProperty rdf:ID="has_context"/>* *</owl:onProperty>* *<owl:allValuesFrom>* *<owl:Class rdf:about="#CONTEXT"/>* *</owl:allValuesFrom>*

	</owl:Restriction> *<owl:Restriction>* *<owl:minCardinality* *rdf:datatype="http://www.w3.org/2001/XMLSchema#no* *nNegativeInteger"* *>1</owl:minCardinality>* *<owl:onProperty>* *<owl:ObjectProperty* *rdf:about="#composed_of_propp"/>* *</owl:onProperty>* *</owl:Restriction>* *</owl:intersectionOf>* *</owl:Class>*
<!ELEMENT act-op (#PCDATA)>	*<owl:Class rdf:ID="PROP_COM">* *<rdfs:subClassOf>* *<owl:Class rdf:ID="PROPERTY"/>* *</rdfs:subClassOf>* *<owl:disjointWith>* *<owl:Class rdf:about="#PROP_PART"/>* *</owl:disjointWith>* *</owl:Class>*

Cette correspondance vérifie les propriétés suivantes :

- Tout concept existant dans le fichier *XML* existe dans le fichier *OWL*. Les concepts présents dans l'ontologie sont *Besoin* et *Contexte*. Soient C_xml est l'ensemble des concepts issus du fichier *XML* et C_owl est l'ensemble des concepts issus du fichier owl alors C_xml $\subseteq$ C_owl.

- Tout contenu de balise *XML* doit être présent dans l'ontologie de base. Appelons U_owl l'ensemble des contenus issus du fichier *OWL* (*dataproperty*) et U_xml l'ensemble des contenus issus du fichier *XML* alors U_xml $\subseteq$ U_owl.

- La hiérarchie dans la structure du fichier *XML* doit obéir à la hiérarchie dans la structure du fichier *OWL*. La balise *rdfs:subClassOf* existe dans la définition de la classe de spécification.

Quant à l'étape de comparaison, elle permet de comparer les informations extraites à partir des nouvelles SB avec celles qui existent dans l'ontologie. Cette étape permet d'une part de déterminer les relations entre les nouveaux besoins avec ceux qui existent dans l'ontologie. D'autre part, elle permet d'étendre l'ontologie par de nouveaux concepts.

La phase de comparaison se base sur deux critères. La première comparaison se base sur les propriétés (opérations et actions des besoins). La deuxième se fonde sur les informations contextuelles. Ces informations sont les paramètres contextuels ainsi que les propriétés particulières ou locales au contexte. L'étape d'extension de l'ontologie se réalise au fur et à mesure des deux phases de comparaison.

3. 2. Comparaison à base des propriétés

La comparaison à base des propriétés est subdivisée, elle-même, en deux traitements. Le premier traitement est au niveau de la couche noyau dans lequel nous nous intéressons aux propriétés du nouveau besoins (P_{NB}) en les comparant avec les propriétés des besoins qui existent dans l'ontologie noyau (P_{BON}). Le deuxième traitement s'intéresse à la comparaison des propriétés du nouveau besoin (P_{NB}) avec les propriétés des besoins qui existent dans la couche contextuelle (P_{BCC}). L'algorithme de comparaison à base des propriétés selon les deux niveaux est présenté dans la figure IV.2.

3.2.1. Traitement au niveau noyau

A l'arrivée d'un nouveau besoin ayant le nom (N_{NB}) et un ensemble de propriétés (P_{NB}), l'étape de comparaison se déclenche en comparant le nom du nouveau besoin (N_{NB}) avec les noms des besoins existants dans l'ontologie noyau (N_{BON}). Si N_{NB} existe déjà dans l'ontologie noyau, alors nous comparons les propriétés du nouveau besoin (P_{NB}) avec celles des besoins existant dans l'ontologie noyau (P_{BON}). Nous déterminons le chevauchement entre les propriétés. Il existe trois types de chevauchement :

- Inclusion : l'intersection entre les propriétés est égale à P_{NB}, alors pas d'action à réaliser.

- Intersection : dans ce cas nous passons au traitement au niveau de la couche contextuelle qui sera détaillé par la suite.

- Pas de chevauchement : l'intersection entre les propriétés est un ensemble vide alors une ambigüité est détéctée. Dans ce cas, l'expert intervient pour la surmonter.

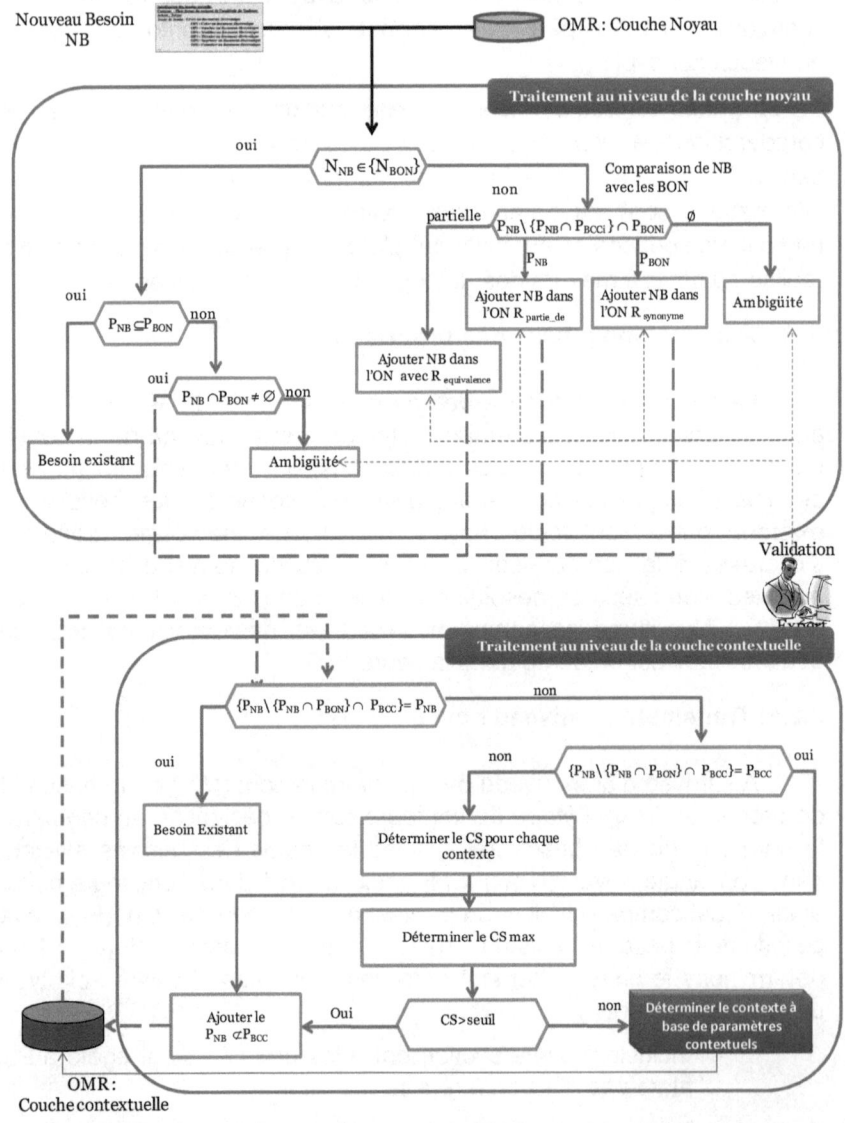

Figure IV. 2 : Algorithme de comparaison entre les besoins à base des propriétés

Dans le cas où le nom du nouveau besoin (N_{NB}) ne figure pas parmi les noms des besoins de l'ontologie noyau (N_{BON}), nous détectons les relations qui peuvent exister entre N_{NB} et N_{BON} à travers la comparaison entre P_{NB} et P_{BON}. Nous distinguons quatre cas possibles :

- Intersection entre P_{NB} et P_{BON} est égale aux P_{BON} alors nous ajoutons, après la validation de l'expert de l'ontologie, ce NB dans l'ontologie noyau avec une relation de *synonymie* avec le besoin de l'ontologie noyau (BON).

- Intersection entre P_{NB} et P_{BON} est égale aux P_{NB} alors nous ajoutons, après la validation de l'expert de l'ontologie, ce NB avec une relation de *partie_de* dans l'ontologie noyau.

- Intersection entre P_{NB} et P_{BON} est partielle n'est pas égale ni aux P_{NB} ni aux P_{BON}. Si ce chevauchement est partiel alors nous ajoutons, après la confirmation de l'expert de l'ontologie, ce NB avec une relation d'*équivalence* dans l'ontologie noyau.

- Intersection entre P_{NB} et P_{BON} est un ensemble vide alors une ambigüité est détéctée. Dans ce cas, l'expert intervient pour la surmonter.

L'algorithme *Comparaison_Noyau* matérialise le traitement au niveau de la couche noyau. Il a comme paramètre le nouveau besoin NB et l'ensemble des besoins de la couche noyau BON. Il assure la comparaison entre le nouveau besoin et les besoins de la couche noyau. Cette comparaison détermine si le besoin existe déjà ou il va être intégré dans l'ontologie noyau ainsi que les relations terminologiques reliant NB au BON. Dans la suite, nous présentons l'algorithme en question.

```
Algorithme Comapraison_Noyau

NB =   (N_NB,  P_NB)  :  le   nouveau   besoin   (Nom   du   nouveau   besoin,
Propriétés de ce nouveau besoin)

BON= {Bon_1, ......, Bon_x} : l'ensemble des besoins de l'ontologie noyau
avec Bon_i= (N_BONi, P_BONi)
```

```
Début
Etat← Null
Extraire NBON l'ensemble des noms de besoins N_BONi à partir de BON
Si (rechercheNomBesoin (N_NB, NBON)) Alors
        Pour chaque Bi ∈ BON faire
            Si (P_NB ⊆  Bi.P_BONi) Alors
```

```
            Ecrire ("le besoin NB existe dans l'ontologie noyau")
            Sinon
                Si  (P_NB ∩  Bi.P_BONi =∅)    Alors
                     Etat ← Ambigu
                     Sinon
                        Si |P_NB ∩ Bi.PBON| >0 // nombre (cadrdinalité)
                                            de propriété commune est
                                            supérier à 0
                            Alors
                                Comparaison_CC (NB, BCC)
                            Finsi
                     Finsi
         Finsi
Sinon // le N_NB n'existe pas dans l'ontologie noyau
    Pour chaque Bi ∈ BON faire
         Déterminer P_BCC les propriétés particulières du besoin Bi à
         partir de la couche contextuelle
         Pc = P_NB \ {P_NB ∩  Bi.P_BCC} ∩ Bi.P_BONi
            Si (Pc=∅) Alors
                Etat ← Ambigu
                Sinon
                    Si (Pc = P_NB) Alors
                         Ajouter Nb dans ON et le lier par une relation
                         de partie_de avec Bi
                         Sinon
                            Si (Pc = Bi.P_BONi)  alors
                                 Ajouter NB dans ON et le lier par une
                                 relation de synonymie avec Bi
                                 Sinon
                                    Si (|Pc|>0)  alors
                                        Ajouter Nb dans ON et le lier par
                                        une relation d'équivanlence avec Bi
                                     Finsi
                                 Finsi
                            Finsi
                    Finsi
    Fin pour
Finsi
Si (Pc ≠ P_NB) Alors
    Comparaison_CC (NB, BCC)
    Sinon
        Si (Etat = Ambigu) Alors
    Le concepteur doit intervenir pour enlever les ambiguités
Finsi
FIN
```

L'algorithme Comparaison_Noyau utilise la fonction booleène *rechercheNomBesoin*. Cette dernière permet de vérifier si le nom d'un nouveau besoin existe dans l'ontologie noyau ou non.

3.2.2. Traitement au niveau de la couche contextuelle

Comme nous l'avons signalé dans la comparaison au niveau de la couche noyau, il y a des nouveaux besoins (NB) qui vérifient certaines conditions et qui passent donc au deuxième traitement. Nous testons l'intersection entre les propriétés d'un nouveau besoin (P_{NB}), après avoir exclu le chevauchement entre les P_{NB} et les propriétés du besoin de l'ontologie noyau (P_{BON}), et les propriétés d'un besoin de la couche contextuelle (P_{BCC}). Si le résultat de ce test est égal aux P_{NB}, alors il n'y a pas de traitement car le nouveau besoin (NB) et le besoin en question de la couche contextuelle (BCC) ont les mêmes propriétés communes (vérifiées dans le traitement au niveau noyau) et particulières. Sinon, si ce chevauchement est égal aux propriétés d'un besoin de la couche contextuelle P_{BCC}, dans ce cas nous ajoutons les propriétés d'un nouveau besoin (P_{NB}) qui ne figurent pas dans les P_{BCC} aux propriétés de BCC.

Dans le cas où le chevauchement est partiel, nous avons introduit un *coefficient de similitude*. Sa définition, est inspirée des techniques d'intégration des schémas de bases de données (similitude entre entités [Akoka 05]). Dans notre contexte, la similitude entre deux besoins se réduit à la similitude de leurs propriétés. En effet, plus le nombre de propriétés communes entre deux besoins est élevé plus le chevauchement est potentiel. Nous calculons pour chaque contexte son coefficient de similitude (CS). Le CS nous permet d'identifier les contextes décisionnels, les plus proches du contexte en question. Cette mesure est une fonction calculée à partir de l'ensemble des P_{NB} après l'élimination des propriétés chevauchant avec les P_{BON} dans le traitement précédent et les P_{BCC} de chaque contexte. Cette mesure est bornée entre 0 et 1. Pour ce traitement, nous admettons un seuil donné par l'utilisateur ou l'expert. Après le calcul des CS pour chaque contexte, nous déterminons la valeur maximale de ces derniers. Si nous retrouvons des CS maximums égaux alors c'est à l'utilisateur ou à l'expert de l'ontologie de choisir un parmi eux. Après la fixation de ce CS, nous comparons ce dernier avec le seuil prédéfini. Si le CS est entre le seuil fixé et 1, nous ajoutons les P_{NB} qui ne figurent pas dans les P_{BCC} au besoin de l'ontologie pour l'étendre. C'est en fait une extension de notre OMR. Si CS est entre 0 et le seuil fixé, alors nous passons à l'algorithme de comparaison à base des paramètres contextuels (décrit dans la section 3.3).

L'algorithme *Comparaison_CC* matérialise le traitement au niveau de la couche contextuelle. En effet, il permet la comparaison entre les concepts d'un nouveau besoin avec les concepts de la couche contextuelle. Il a comme paramètre le nouveau besoin NB et l'ensemble des besoins de la couche contextuelle BCC. *Comparaison_CC* détermine si le NB existe déjà dans la couche contextuelle, ou s'il peut être intégré dans un contexte existant ou si le nouveau besoin necessite l'ajout d'un nouveau contexte. Le principe de l'algorithme est détaillé dans ce qui suit.

```
Algorithme Compraison_CC
NB = (N_NB, P_NB) : le nouveau besoin (Nom du nouveau besoin,
Propriétés du nouveau besoin)
BCC= {Bcc₁, ......, Bcc_x} : l'ensemble des besoins de la couche
contextuelle avec Bcc_i= (N_BCCi, P_BCCi)
```

```
Début
  Etat← Null
  Pour chaque Bi ∈ BCC faire
        Pc = P_NB \ {P_NB ∩  Bi.P_BONi} ∩ Bi.P_BCCi
              Si (Pc = P_NB)
                    Alors
                    // le besoin NB existe dans couche
contextuelle
                    Etat← "Besoin existant"
                    Exit ;
                    Sinon Si (Pc = Bi.P_BCC)
                    Alors
                    Ajouter les propriétés du nouveau besoin
                    qui ne figurent pas dans les P_BCC aux
                    propriétés de Bcc
                    Exit ;
                    Sinon
                    - Déterminer l'ensemble Ec des contextes
                    ayant    des    propriétés    particulières
                    communes avec le NB
                    - Calculer Csi pour chaque contexte Ci ∈
                    Ec
                    - Déterminer le maximun  des coefficients
                    MaxCi
```

```
                Si  (MaxCi>  Seuil)  //  seuil  est  une
        valeur choisie par l'expert
                Ajouter NB dans l'OMR du contexte
        Ci
            Sinon
            - Déterminer le contexte Cx en se basant
        sur les pramètres contextuels
                    Si  (concepteur  valide  le  Cx)
            Alors
                        Ajouter  Nb  dans  la  couche
            contextuelle du contexte Cx
                Finsi
                Finsi
            Finsi
        Fin faire
Fin
```

Dans ce traitement le CS est le facteur essentiel permettant d'identifier les similarités entre les besoins. Pour cela, nous détaillons le choix de la mesure de similitude utilisée dans notre travail.

3.2.3. Mesure de similitude

La mesure de similitude est une notion fondamentale dans les ontologies. Les rapports ontologiques entre les concepts peuvent être détectés par le calcul des similitudes entre des paires d'objets contenus dans l'ontologie. L'objectif est de calculer le coefficient de similitude entre deux ensembles de propriétés d'un concept d'une ontologie. La mesure de similitude que nous proposons, prend en considération les sous ensembles de propriétés. En effet, une telle mesure est déduite en déterminant le nombre de propriétés similaires entre deux besoins afin de déterminer le contexte. Cela n'est réalisable qu'après l'exclusion des propriétés communes. Chaque besoin (B) est différent des autres par ses propriétés particulières qui existent dans la couche contextuelle. Les propriétés communes d'un besoin sont valables dans tous les contextes. Etant donné un premier besoin (B1) admettant PP1 propriétés particulières et un deuxième besoin (B2) admettant PP2 comme propriétés particulières, le coefficient de similitude CS proposé est comme suit :

$$CS = \frac{PP1 \cap PP2}{PP1 \cup PP2} \quad (1)$$

Nous avons optimisé la mesure (1) en pénalisant les propriétés conjointes de l'union de deux ensembles de propriétés. Ainsi, nous obtenons le CS suivant.

$$CS = \frac{PP1 \cap PP2}{(PP1 \cup PP2) - (PP1 \cap PP2)} \qquad (2)$$

3. 3. Comparaison à base de paramètres contextuels

Durant cette phase, nous nous intéressons aux informations contextuelles à savoir les paramètres contextuels qui sont acquis durant la troisième étape de notre approche. Nous comparons les paramètres contextuels d'un nouveau besoin avec les paramètres contextuels des besoins qui existent dans l'OMR. En effet, l'objectif de cette comparaison est de situer le contexte de ce nouveau besoin par rapport aux contextes des besoins qui existent dans l'OMR.

Nous avons deux paramètres pour cette comparaison à savoir un besoin $B_i(P_{NB}, Pr_{NB})$ avec P_{NB} est l'ensemble des propriétés de ce nouveau besoin et Pr_{NB} présente l'ensemble des paramètres contextuels et l'OMR $O(B_O, P_{BO}, C_O, Pr_{CO})$ avec B_O est l'ensemble des besoins de l'OMR , P_{BO} présente l'ensemble des propriétés des besoins de l'OMR, C_O présente l'ensemble des contextes existant dans cette ontologie et Pr_{CO} pour l'ensemble des paramètres contextuels des contextes existant dans l'OMR.

Si les paramètres acquis du nouveau besoin (PrNB) sont identiques aux paramètres d'un contexte existant dans la base (PrCO), dans ce cas, le contexte du nouveau besoin est déjà existant. Par conséquent, le besoin sera inséré dans un contexte déjà existant dans l'ontologie et qui est identique à son contexte. Sinon, nous recourons ainsi un coefficient de similitude entre les paramètres contextuel ($CSP = (P_{NB} \cap Pr_{CO}) / Pr_{CO}$). Si le CSP est supérieur à un seuil fixé alors le besoin sera inséré dans un contexte déjà existant dans l'ontologie sinon, nous ajoutons un nouveau contexte dans lequel nous ajoutons les prppriétés particulères de ce Bi après la validation de l'expert. La figure IV.3 présente l'algorithme de comparaison entre les besoins à base des paramètres contextuels.

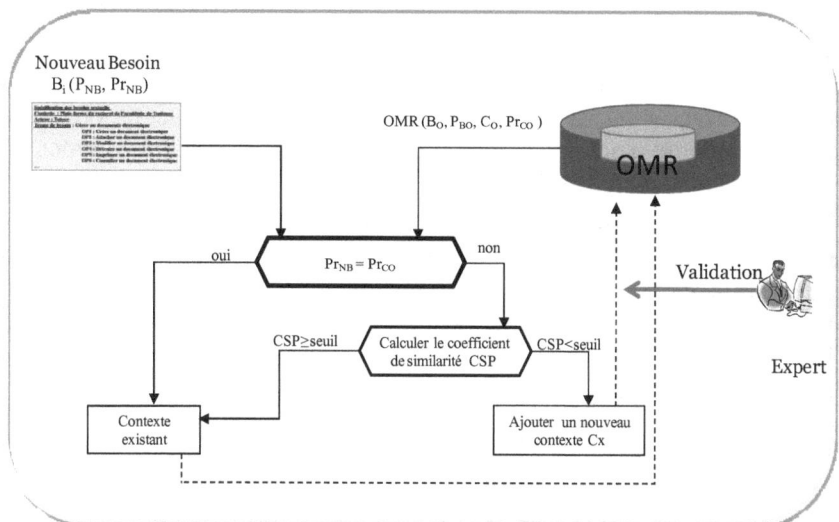

Figure IV. 3 : Algorithme de comparaison entre les besoins à base des paramètres contextuels

Afin d'extraire les contextes existant dans l'ontologie, nous avons recouru au raisonnement pour déterminer les paramètres contextuels.

Le raisonnement sur le contexte désigne la déduction automatique, à partir des faits précédents qui sont implicites, des informations explicites sur le contexte [Ay 07]. Dans notre travail, nous partons d'un ensemble de paramètres contextuels afin de déduire le contexte. Pour effectuer ce raisonnement avec l'ontologie, nous utilisons des règles en LD qui sont intégrées dans la sémantique d'OWL de notre ontologie. L'API Jena peut manipuler les fichiers OWL. Jena utilise l'ontologie afin d'inférer des connaissances utiles. Le raisonnement dans Jena est basé sur l'utilisation d'un raisonneur. Nous distinguons deux types de raisonneur. Le premier est un raisonneur à base de règles RDFS et OWL. Le deuxième est paramétré par un ensemble de règles externes. La figure IV.4 présente ces deux raisonneurs.

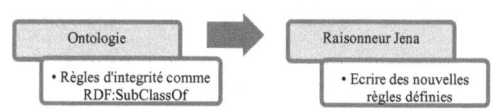

Figure IV. 4 : Ajout des règles spécifiées par l'utilisateur

Une règle externe dispose d'une syntaxe et d'une structure prédéterminée. Les règles externes sont appliquées aux instances. Les paramètres contextuels sont exprimés dans notre ontologie à l'aide du langage OWL. Jena est utilisé par la suite pour importer cette ontologie dans un modèle d'ontologie appelé *OntModel*[15] pour le gérer. Ce modèle est créé avec le langage OWL-Full.

L'objectif du raisonnement proposé est de déduire un contexte à partir d'un ensemble de paramètres contextuels. Pour raisonner avec Jena, nous avons proposé un ensemble de règles en logique du premier ordre. Ces règles concernent les paramètres contextuels (*IPAddress*, *Time* et *User*).

- $\forall a, d \; \exists c \; has\_parameter \; (c, a) \land CONTEXT \; (c) \land IPADRESS$

$(a) \land adress \; (a, d) \land STRING \; (d) \rightarrow has\_parameter(c, d)$

- $\forall t, d \; \exists c \; has\_parameter \; (c, t) \land CONTEXT \; (c) \land TIME \; (a) \land$

$has\_date \; (t,d) \land DATE \; (d) \rightarrow has\_parameter \; (c,d)$

- $\forall u, p \; \exists c \; has\_parameter \; (c, u) \land CONTEXT \; (c) \land USER \; (u) \land$

$has\_profile \; (u, p) \land STRING \; (p) \rightarrow has\_parameter(c, p)$

Ces règles sont définies en Jena comme suit :

- *(?c prefix:has_parameter ?a) (?a prefix:adress ?d)->(?c*

prefix:has_parameter ?d)

- *(?c prefix:has_parameter ?t) (?t prefix:has_date ?d)->(?c*

prefix:has_parameter ?d)

- *(?c prefix:has_parameter ?u) (?u prefix:has_profile ?p)-> (?c*

prefix:has_parameter ?p)

D'abord, les règles définies décrivent notre raisonneur. Ensuite, nous appliquons le raisonneur sur le modèle d'ontologie afin de générer le modèle inféré. Puis, nous utilisons un langage de requête pour sélectionner les individus de l'ontologie. Le préfixe "*base*" déclare un espace de noms par défaut, tandis que, le préfixe "*rdf*" indique l'espace de noms RDF :

- *PREFIX base : <defaultNameSpace>*

- *PREFIX rdf : <http://www.w3.org/1999/02/22-rdf-syntax-ns#>*

---

[15] http://jena.sourceforge.net/javadoc/com/hp/hpl/jena/ontology/OntModel.html

La requête, présentée ci-dessous, permet de sélectionner le contexte qui admet des paramètres contextuels donnés (par exemple les valeurs *u, a, l, ip* et *t* respectivement pour les paramètres contextuels : *utilisateur, activité, localisation, address_ip* et *temps*) qui sont passés par valeurs dans la fonction de recherche de contexte.

- *select DISTINCT ?c where{*

- *?c base:has_parameter ?t.*

- *?c base:has_parameter ?u.*

- *?c base:has_parameter ?a.*

- *?c base:has_parameter ?l.*

- *?c base:has_parameter \ ""+ip+"\".*

- *?c rdf:type base:Context.*

- *FILTER (regex(str(?a), \ ""+a+"\")).*

- *FILTER (regex(str(?l), \ ""+l+"\")).*

- *FILTER (regex(str(?u), \ ""+u+"\")).*

- *FILTER(str(?t)=\ ""+t+"\")}*

Le résultat de la requête correspond à la valeur du contexte lorsqu'il est détecté. Dans le cas contraire la requête retourne la valeur nulle.

L'inférence consiste à déduire le contexte. En effet, à partir des paramètres contextuels, le raisonneur infère le contexte. Si l'inférence aboutis alors les paramètres seront ajoutés dans le contexte inféré, sinon le besoin sera ajouté avec un nouveau contexte. L'action d'ajout d'un contexte doit être validée par l'expert.

Pour établir un ensemble de règles ayant pour objet de simplifier et de rationaliser l'OMR, nous proposons une formalisation de cette ontologie.

4. FORMALISATION DE L'OMR PAR LA LOGIQUE DE DESCRIPTION ETENDUE

La formalisation de l'ontologie elle-même a pour objectif de respecter les standards des langages ontologiques (comme par exemple *OWL*) et d'être traitée dans un éditeur d'ontologies. Rappelons que les logiques de description sont des formalismes logiques de représentation des connaissances. Une ontologie formalisée à l'aide des logiques de description permet de décrire les concepts d'un domaine à travers des concepts et des rôles atomiques [Baader 03]. Bien que les concepts atomiques correspondent à des prédicats unaires spécifiant les objets du domaine, les rôles atomiques correspondent à des prédicats binaires et décrivant les relations entre les objets. Ces rôles sont spécifiés à l'aide de constructeurs fournis par le langage formel de description logique.

Nous avons choisi la logique de description (LD) comme langage de formalisation pour les raisons suivantes.

Les LD sont largement utilisées par les standards comme OWL. En plus, elles ont des algorithmes d'inférence dont la complexité est souvent inférieure aux complexités des démonstrateurs de preuves de la logique du premier ordre [Tsarkov 03].

Les LD utilisent une approche ontologique. Cette approche requiert, pour décrire les individus (ABox), la définition des catégories générales d'individus (TBox) et les relations logiques que les individus ou les catégories peuvent entretenir entre eux. Cette approche ontologique est naturelle pour le raisonnement puisque même si la majorité des interactions se déroule au niveau des individus, la plus grande partie du raisonnement se produit au niveau des catégories [Russell 02].

Les LD et leurs moteurs d'inférence offrent une fondation logique et des algorithmes efficaces de raisonnement tout en profitant des bénéfices d'une approche ontologique.

Pour la formalisation de notre ontologie, nous nous basons sur la LD étendue par la projection contextuelle en ajoutant les spécificités de notre contribution.

4.1. LD étendue par la projection contextuelle

Il est à signaler que les LD sont passées par plusieurs étapes et à chaque fois, il y a de nouveaux constructeurs qui sont ajoutés. Certains travaux tel que [Benslimane 06], sont partis d'$\mathcal{ALCN}$ ($\mathcal{ALCNR}$ sans la conjonction des rôles) pour proposer une extension à la LD en donnant un nouveau constructeur pour prendre en considération la notion de contexte. Ils ont ajouté à la formalisation d'un concept non contextuel un constructeur appelé *projection* (dans un contexte). Nous présentons la syntaxe (1) et la sémantique (2) de cette nouvelle LD (sachant que C est un concept).

(1) C → (C) [S] (restriction contextuelle)

S → Liste des noms de contextes

(2) $\perp^{Ij} = \varnothing$

$I^j = \Delta^I$

$(C \cap D)^{Ij} = C^{Ij} \cap D^{Ij}$

$(C \cup D)^{Ij} = C^{Ij} \cup D^{Ij}$

$(\exists R.C)^{Ij} = \{x \in \Delta^I \mid \exists y : (x, y) \in R^{Ij} \cap y \in C^{Ij}\}$

$(\forall R.C)^{Ij} = \{x \in \Delta^I \mid \forall y : (x, y) \in R^{Ij} \rightarrow y \in C^{Ij}\}$

$(\leq nR)^{Ij} = \{x \in \Delta^I \mid \parallel \{y \mid (x, y) \in R^{Ij}\} \parallel \leq n\}$

$(\geq nR)^{Ij} = \{x \in \Delta^I \mid \parallel \{y \mid (x, y) \in R^{Ij}\} \parallel \geq n\}$

$((C)[S])^{Ij} = C^{Ij}$ si $j \in S$ sinon $= \varnothing$

Nous adoptons la LD $\mathcal{ALCN}$ étendue par la projection contextuelle. En effet, elle s'aligne avec notre proposition d'une ontologie multi-contextuelle afin de modéliser les spécificités des SB multi-contextes. Cette ontologie contient des projections contextuelles des concepts besoins. La définition des concepts non contextuels demeure toujours possible. De tels concepts existeront dans tous les contextes (si un concept non projeté (défini) dans un contexte particulier alors il est défini par tous les contextes).

La sémantique d'un langage non contextuel est étendue par les notions contextuelles. Cette sémantique, présentée dans (2), est donnée par une interprétation contextuelle définie dans un contexte j de S. Une interprétation contextuelle $I = (I^0, I^1,.., I^j,.., I^t)$ est un t-tuple indexé par les contextes $\{1, .., t\}$ où chacune I^j est une interprétation (non-contextuelle) (Δ^I, I^j), qui se compose d'un domaine d'interprétation Δ^I et d'une fonction d'interprétation $\cdot^{Ij}$. La fonction d'interprétation $\cdot^{Ij}$ trace chaque concept atomique A $\in$ C sur un sous-ensemble $A^{Ij} \subseteq \Delta^I$ et chaque nom de rôle R $\in$ R sur un sous-ensemble $R^{Ij} \subseteq \Delta^I \times \Delta^I$. L'extension de $\cdot^{Ij}$ à des concepts arbitraires est inductivement définie dans (2).

4.2. OMR formalisée par la LD étendue

Nous proposons la formalisation du concept besoin désigné par CB dans (3).

(3) CB = C1 $\cap$ C2 $\cap$ C3 $\cap$ C4

C1 = (≤ 1 nom_CB) $\cap$ (≥ 1 nom_CB) $\cap$ ($\forall$ nom_CB.string)

$C2 = (\leq 1\ représentation) \cap (\geq n\ représentation) \cap (\forall représentation.string)$

$C3 = (\leq 1\ propriété\_commune) \cap (\geq n\ propriété\_commune) \cap (\forall propriété\_commune.$ *string)*

$C4 = (\leq 0\ propriété\_particulière)[Si] \cap (\geq n\ propriété\_particulière)[Si] \cap (\forall$ *propriété_particulière. string)*

Ce concept est défini par la conjonction de quatre éléments C1, C2, C3 et C4. C1 désigne le nom du CB qui est unique dans l'ontologie mais défini dans plusieurs interprétations selon les contextes auxquels il est accordé. Cette unicité de nom se traduit avec la LD comme suit : *(≤1 nom_CB) ∩ (≥1 nom_CB).* Le nom d'un CB est une chaine de caractères *(∀ nom_CB.string).* C2 désigne la représentation avec laquelle le *CB* est défini. Un *CB* peut être spécifié selon une ou plusieurs représentations sachant que chaque représentation concerne un contexte. Ceci est formalisé par *(≤1 représentation) ∩ (≥n représentation).* Une représentation est de type chaîne de caractères : *(∀ représentation.string).* C3 désigne la propriété commune. Un *CB* peut avoir une ou plusieurs propriétés communes : *(≤1 propriété_commune) ∩ (≥n propriété_commune).* Une propriété commune est une chaine de caractères *(∀ propriété_commune.Terme).* C4 désigne une propriété particulière. Un *CB* peut admettre zéro ou plusieurs propriété(s) particulière(s). Chaque propriété est projetée dans un contexte précis désigné par *[Si].* Cela est formalisé comme suit *(≤0 propriété_particulière)[Si] ∩ (≥n propriété_particulière)[Si].* Une propriété particulière est une chaine de caractères *(∀ propriété_particulière. string).*

Rappelons que nous avons abordé dans l'état de l'art les deux niveaux de représentation des connaissances : le niveau terminologique et le niveau déclaratif qui ont donné naissance aux notions *T-Box* et *A-Box.* Typiquement, la base de connaissances standard utilisée par les logiques de description est définie de la manière suivante : Étant donné un langage de description $\mathcal{L}$, une base de connaissance Σ dans $\mathcal{L}$ est une paire $\Sigma = \langle T, A \rangle$ avec :

- T est la *Terminologique-Box (TBOX)*, un ensemble fini, qui peut être vide, d'expressions appelées GCI (General Concept Inclusion) de la forme $C_1 \sqsubseteq C_2$ où C1 et C2 sont des concepts sans restriction. Les formules de T sont appelées des axiomes terminologiques.

- A est l'*Assertion-Box* (ABOX), un ensemble fini, qui peut être vide, d'expressions de la forme *a:C* ou *(a,b):R* où *C* est un concept sans restriction, *R* un rôle qui n'est pas forcément atomique et *a,b* appartiennent à *IND* (individu ou instance). Les formules de A sont appelées des assertions.

Dans la suite de cette section, nous présentons le TBOX et l'ABOX qui définissent la connaissance contextuelle dans l'ontologie proposée.

4.2.1 TBOX de l'OMR

Rappelons que TBOX est composé de concepts et de rôles (relations) primitifs et définis. Un concept primitif est un concept atomique qui est subsumé du concept *Top*. Ce dernier dénote le concept le plus général appelé aussi la racine de la hiérarchie des concepts. Un rôle primitif est subsumé par *Toprole* qui est la racine de la hiérarchie des rôles. Les concepts et rôles primitifs peuvent être combinés au moyen de constructeurs pour former respectivement des concepts et des rôles définis. Le TBOX de la connaissance contextuelle de notre ontologie est décrit dans (4). Notre ontologie est composée essentiellement de concept *Besoin* et concept *Contexte* qui sont des concepts primitifs qui subsument de concept *Top* (concept le plus général). Le concept *Paramètre* est subsumé par le concept *Contexte*. Le concept *Propriété* est subsumé par le concept *Besoin*.

(4) Les concepts :   *Les rôles :*

Besoin ⊑ Top	(Besoin,Contexte):accordé_contexte
Contexte ⊑ Top	(Context,Paramètre):composer_paramètre
Propriété ⊑ Besoin	(Besoin,Propriété):composer_de
Paramètre ⊑ Contexte	(Besoin,Besoin):avoir_relation
Localisation ⊑ Paramètre	
Utilisateur ⊑ Paramètre	
Activité ⊑ Paramètre	
Temps ⊑ Paramètre	
Env_physique ⊑ Paramètre	
Adresse_IP ⊑ Env_Physique	

Nous admettons cinq paramètres contextuels pour notre domaine d'étude. Cette contrainte est définie dans (5).

(5)

Contexte ⊑ ∃ composer_paramètre.Paramètre
Contexte ⊑ ∀ =5 composer_parametre.Paramètre

Les paramètres contextuels sont disjoints. Cette disjonction est formalisée dans (6).

(6)

Localisation ∩ Utilisateur ∩ Activité ∩ Temps ∩ Env_physique = {}

Une autre formalisation pour exprimer la disjonction entre les paramètres contextuels est décrite dans (7).

(7)

Activité ⊑ ¬ Temps
Activité ⊑ ¬ Localisation
Activité ⊑ ¬ Env_physique
Activité ⊑ ¬ Utilisateur

Un concept besoin est accordé à un contexte et admet au moins une propriété (8).

(8)

Besoin ⊑ ∃ accordé_contexte.Contexte ⊓ ∀ composer_de.Propriété ⊓ ≥ 1
composer_de.propriété

Une fois le TBOX est défini, nous passons à définir l'ABOX.

4.2.2. ABOX de l'OMR

L'ABOX contient les assertions de l'ontologie. Rappelons que l'ABOX représente l'instanciation. Pour des raisons de simplification, nous donnons, dans (9), une partie de l'ABOX employée dans l'instanciation de notre ontologie. Dans ce qui suit une partie de ces assertions est illustrée.

(9)

tut_ratf_ins : Contexte
2010/2011 : Temps
192.16.0.33 : Adresse_IP

```
inscription : Activité

rmc : Localisation

tuteur : Utilisateur

composer_paramètre (tut_ratf_ins, 2010/2011)

composer_paramètre (tut_ratf_ins, 192.16.0.33)

composer_paramètre (tut_ratf_ins, connexion)

composer_paramètre (tut_ratf_ins, rmc)

composer_paramètre (tut_ratf_ins, tuteur)

S'inscrire : Besoin

accordé_contexte (S'inscrire, tut_rmc_ins)

composer_de (S'inscrire, confirmer_inscription)

composer_de (S'inscrire, remplir_un_formulaire)
```

Une formalisation de l'OMR proposée avec la LD étendue est présentée dans l'annexe 3. Pour la visualisation des concepts de l'OMR, nous présentons, dans le paragraphe suivant, une visualisation selon trois niveaux d'abstraction.

5. VISUALISATION DE L'ONTOLOGIE

La visualisation d'une ontologie est une étape importante dans le processus de représentation des connaissances. Elle permet au concepteur et à l'expert du domaine de voir la structure et les composants de l'ontologie. Cette visualisation permet à l'expert de l'ontologie de vérifier les composants de l'OMR et apporter quelques correctifs si besoin. Plusieurs plugins comme *OWLviz*[16], disponible dans l'outil Protégé, permettent la visualisation de l'ontologie selon plusieurs niveaux d'abstraction. La figure IV.5 présente une visualisation de notre OMR selon l'*OWLviz*.

---

[16] http://www.co-ode.org/downloads/owlviz/

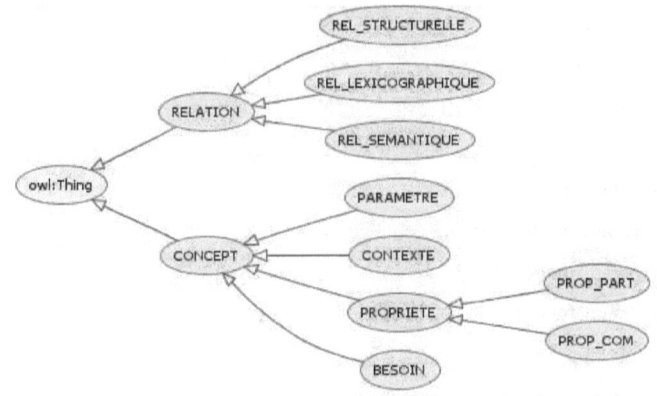

Figure IV. 5 : Ontologie avec OWLviz

La figure IV.6 présente la visualisation de l'OMR selon le plugin *Ontoviz* [Gagandeep 06]. Cette visualisation permet d'indiquer les relations entre les instances, d'une part, et entre les instances et les individus d'autre part.

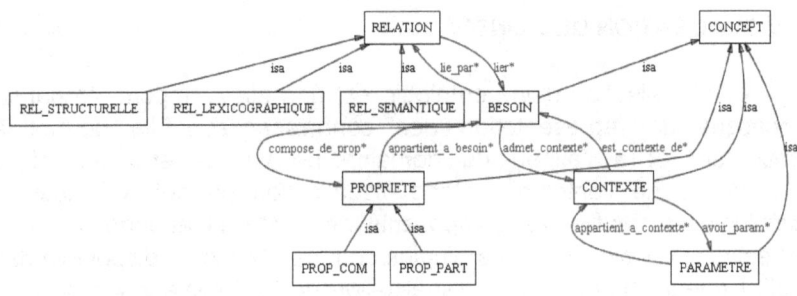

Figure IV. 6 : Visualisation de l'OMR (niveau 0)

Dans la figure IV.7, nous passons à un niveau d'abstraction moins élevé. Chaque concept est interprété par ses instances. Ces dernières sont déterminées à travers les relations avec les autres concepts.

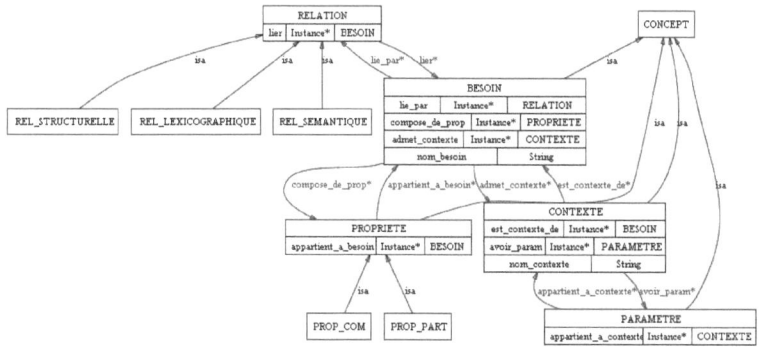

Figure IV. 7 : Visualisation de l'OMR (niveau 1)

6. CONCLUSION

Dans ce chapitre, nous avons mis en relief les étapes de mise en œuvre de l'OMR pour la SB. Nous avons présenté la transformation des modèles de besoins au modèle pivot afin de surmonter l'hétérogénéité des représentations. Nous avons définit, ensuite, les règles de passage de ce modèle pivot en langage ontologique (OWL) afin de faciliter l'alimentation de l'ontologie proposée. Cette alimentation se base sur la comparaison à base des propriétés de besoins et des paramètres contextuels.

Pour respecter les standards d'OWL et gérer l'OMR dans un éditeur d'ontologie, nous avons formalisé ses concepts selon une logique de description étendue. Pour faciliter son utilisation, l'ontologie obtenue est visualisée selon deux niveaux d'abstraction à la demande de l'expert du domaine.

Dans le chapitre suivant, nous mettons en œuvre notre contribution à travers le développement d'un prototype nommé *ContextOntoMR* (*Contexte & Ontologie de multi-représentation*).

CHAPITRE V : LE PROTOTYPE CONTEXTONTOMR

1. INTRODUCTION

Afin de montrer la faisabilité de notre approche de mise en œuvre d'une ontologie pour la spécification des besoins dans un cadre de travail collaboratif, nous avons développé un prototype logiciel de type *CASE* (*Computer Aided Software Engineering*), baptisé *ContextOntoMR* (*Contexte & Ontologie de multi-représentation*). *ContextOntoMR* permet d'assister l'étape de spécification des besoins d'un système. En effet, il aide l'utilisateur à exprimer ses besoins et l'analyste à spécifier ces besoins en supportant la multitude de contextes et de représentations.

ContextOntoMR assure, dans un premier temps, l'acquisition des besoins selon différentes représentations et ceci en se servant des modèles proposés. Dans un deuxième temps, le prototype assure le prétraitement des besoins spécifiés en les sauvegardant sous un modèle pivot. Dans un troisième temps, l'outil permet l'extraction des informations à partir des besoins acquis. Ces informations sont emmagasinées en tant que concepts afin qu'elles soient la source d'alimentation de l'OMR. *ContextOntoMR* assure une interaction avec un expert du domaine afin de valider certaines actions. Une fois l'ontologie est outillée, l'objectif essentiel s'effectue, à savoir, l'assistance de l'utilisateur à spécifier ses besoins en prenant en compte la diversité des contextes et des représentations utilisés.

Le présent chapitre est consacré à la description de *ContextOntoMR*. Après une présentation générale de son architecture fonctionnelle, nous détaillons ses différentes fonctionnalités à travers des interfaces d'illustration.

2. ARCHITECTURE FONCTIONNELLE

ContextOntoMR met à la disposition de l'utilisateur deux interfaces lui permettant d'exprimer ses besoins selon deux modèles de besoins : textuel et/ou diagramme de cas d'utilisation (DCU) étendu. Pour l'interface du modèle de besoins textuel, l'utilisateur introduit les descriptions de ses besoins sous forme d'opérations. Pour l'interface du du modèle de besoins en DCU étendu, un ensemble d'outils graphiques est mis à la disposition de l'utilisateur pour lui permettre de spécifier ses besoins en donnant la possibilité de décrire chaque cas d'utilisation par des actions. Les nouveaux besoins spécifiés avec d'autres informations acquises seront pris en considération afin d'alimenter l'OMR. Cette alimentation se réalise à travers la comparaison de ces informations avec celles qui existent dans l'ontologie. Des outils linguistiques et des outils de traitement des langages naturels (TLN) peuvent être utilisés comme support pour la comparaison des concepts. Le prototype avec son OMR est suivi par un expert du domaine. En effet, le système proposé est semi-automatique et se réfère aux suggestions et aux interventions de l'expert du domaine. La figure V.1 présente les fonctionnalités de *ContextOntoMR*.

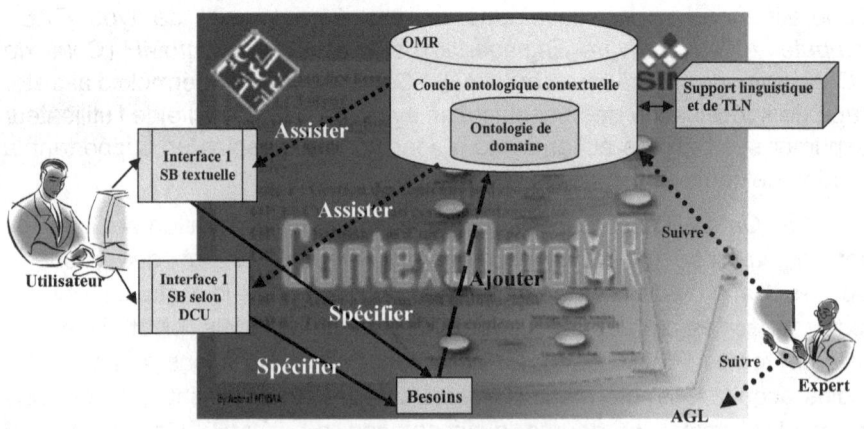

Figure V. 1 : Fonctionnalités de ContextOntoMR [Mtibaa 08]

L'architecture fonctionnelle de *ContexOntoMR* s'étale sur quatre modules (Cf. figure V.2). Nous partons d'un ensemble de SB spécifiées selon deux modèles proposés (textuel et DCU étendu). Ces SB représentent le corpus de l'OMR. Le premier module concerne l'acquisition des besoins et des informations pertinentes. Ces SB passent par un prétraitement afin de les convertir dans un modèle pivot pour dépasser les hétérogénéités des représentations de SB. Ce prétraitement fait recours à des requêtes Xquery afin de transformer les besoins des modèles de besoins au modèle pivot. La comparaison et l'alimentation de l'OMR fait l'objet du troisième module. Ce dernier se réfère, d'une part, à des outils linguistiques et de traitement des langages naturels (*Wordnet, TreeTagger, SynoTerme, etc.*). D'autre part, un raisonneur se déclenche pour inférer le contexte à partir des paramètres contextuels. Ce module est suivi par un expert pour des éventuelles interventions et validations. Finalement, le module de l'assistance est proposé pour faciliter la phase d'expression du besoin de l'utilisateur.

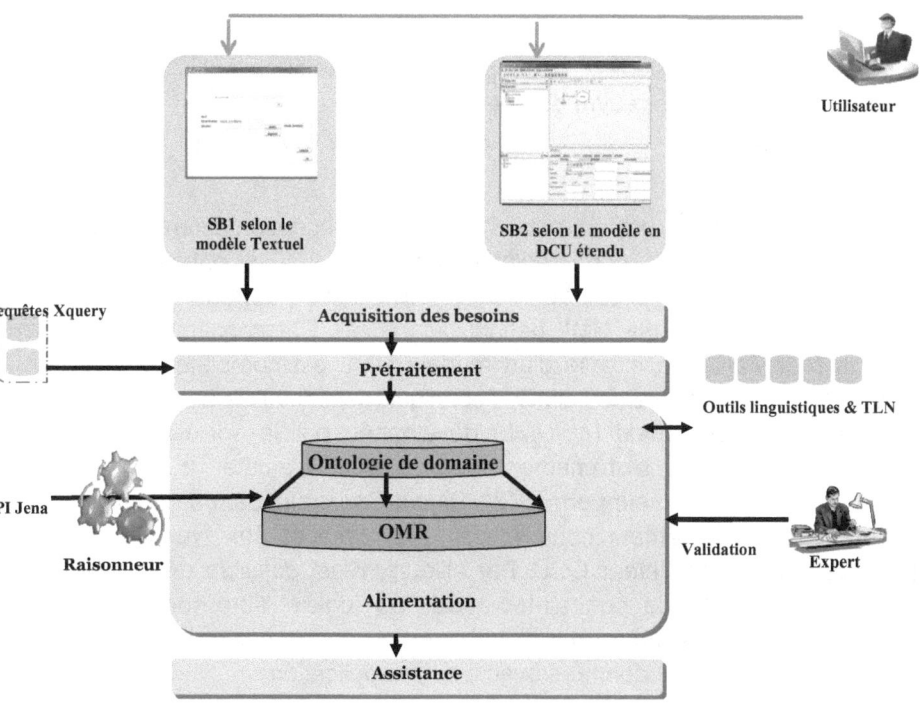

Figure V. 2 : Architecture fonctionnelle de ContextOntoMR [Mtibaa 08]

3. MISE EN ŒUVRE DE CONTEXTONTOMR

ContextOntoMR est un prototype développé avec le langage Java sous l'environnement *Netbeans*. Il représente une extension à l'outil ArgoUML. Le choix d'étendre cet outil est justifié par le fait qu'il représente *un atelier de génie logiciel (AGL) UML*. Cette application *Open Source* développée avec le langage Java supporte l'ajout de nouvelles fonctionnalités pour la mise en place des modèles de SB, l'intégration d'une ontologie et l'assistance durant la SB. L'ontologie est créée par l'éditeur d'ontologie *Protégé2000*. Les traitements sur l'ontologie en question utilisent des parseurs *SAX et DOM*. Pour le prétraitement des SB, nous avons utilisé le langage XML. Le choix de XML est justifié par le fait qu'il permet d'échanger des données entre applications. La manipulation des fichiers XML a été réalisée par les deux parseurs *DOM (Document Object Model)* et *Sax (Simple Api for XML)*. Pour l'inférence, nous avons utilisé Jena.

3.1. Outils et langages utilisés

Dans cette sous section, nous présentons quelques outils et langages utilisés pour la mise ne œuvre de notre prototype.

3.1.1. ArgoUML

L'outil ArgoUML[17] est un outil d'aide à la conception orientée objet. Il représente *une application multi-plateforme*. En effet, il est entièrement codé en Java et utilise les classes de base de Java (*Java Foundation Classes*). Il est conforme à la norme UML définie par l'OMG. Par conséquent, le code pour la représentation interne d'un modèle UML est complètement produit suivant les spécifications de l'OMG. Techniquement, il utilise une bibliothèque spéciale de méta-modèle (*NSUML*) développée par la société *Novosofts*. Ceci rend ArgoUML extrêmement flexible pour s'ajuster aux nouvelles normes UML à venir. Il supporte OCL (*Object Constraint Language*). En effet, ArgoUML est entièrement conforme à la syntaxe et aux types d'OCL et s'appuie sur le compilateur OCL. Par ailleurs, il est possible de générer du code Java à partir de contraintes OCL. Ce logiciel libre (open source), supporte XMI qui est un format d'échange de donnée basé sur XML, et qui permet de réutiliser les données avec d'autre application.

3.1.2. XML

XML[18] (*eXtensible Markup Language*) est en quelque sorte un langage *HTML* amélioré permettant de définir de nouvelles balises. Il s'agit

---

[17] http://lootre.free.fr/argopno/doc/presentation/Presentation.html
[18] http://www.commentcamarche.net/xml/xmlintro.php3

effectivement d'un langage permettant de mettre en forme des documents grâce à des balises (*markup*). Contrairement à HTML, qui est considérer comme un langage défini et figé (avec un nombre de balises limité), XML peut être considéré comme un métalangage permettant de définir d'autres langages. L'utilisation de XML comme langage intermédiaire est suscitée par la force de XML qui réside dans sa capacité de décrire n'importe quel domaine de données grâce à son extensibilité. Ce choix est justifié par le fait qu'il permet d'échanger des données entre applications. La manipulation des fichiers XML a été réalisée par les deux parseurs *DOM (Document Object Model)* et *SAX (Simple Api for XML)*. Grâce à ses balises spécifiques, il est possible d'extraire rapidement et efficacement de l'information pertinente.

3.1.3. NetBeans

NetBeans[19] est un environnement de développement intégré (IDE) pour la programmation. Il est multi plateforme vu qu'il est lui-même développé en Java donc disponible sous *Windows, Mac OSX, Linux, Solaris, etc.* C'est un logiciel Open Source sous licence CDDL (*Common Developpment and Distribution License*). Il englobe plusieurs fonctionnalités. En effet, il permet : la génération d'interface graphique *Swing*, le développement d'applications Web, les Services Web et serveurs d'applications, le contrôle de versions, la collaboration de développeur, etc.

3.1.4. Jena

Jena[20] est construit en Java et il raisonne à base de règles (*RDF-S & OWL*). La boite à outils de Jena (pour Java) est bien documentée et conçue. Elle supporte plusieurs types de stockage *RDF*. Il est possible d'ajouter des règles de raisonnement externe. Il vise à créer des applications pour la manipulation des ontologies décrites en *RDF, RDFS* et *OWL*. Jena peut aussi supporter le langage de requête *SPARQL* dans son API, qui aide amplement l'exécution des requêtes *SPARQL* sur la base de données *RDF/OWL*. Pour le raisonnement sur le modèle de données *OWL*, nous avons besoin de Jena2 avec d'autres règles d'inférence Jena.

Dans les sous sections suivantes, nous présentons une vue d'ensemble sur notre environnement *ContextOntoMR*. Il contient un ensemble d'interfaces applicatives mettant en évidence les différentes étapes définies

---

[19] http://www.supinfo-projects.com/fr/2006/netbeans_ide_presentation/introduction

[20] http://yuhanaresearch.wordpress.com/category/programming/jena-api/

dans le chapitre 3 et respectant l'architecture fonctionnelle présentée dans la section 2.

3.2. Description du module d'acquisition

Ce module a comme objectif de faciliter la tâche de l'utilisateur pour éliciter les besoins et extraire les informations pertinentes. L'acquisition des besoins est rendue facile à travers l'interaction avec l'utilisateur lors de la SB. L'acquisition des besoins est réalisée à travers deux modes de SB, à savoir, le modèle textuel et le modèle selon un DCU étendu.

3.2.1. Acquisition des besoins selon un modèle textuel

La Figure V.3 montre l'interface d'acquisition des besoins selon le modèle de besoins textuel. Dans une première étape l'utilisateur choisit de consulter ou de créer une SB. L'utilisateur interagit avec les interfaces générées pendant cette acquisition.

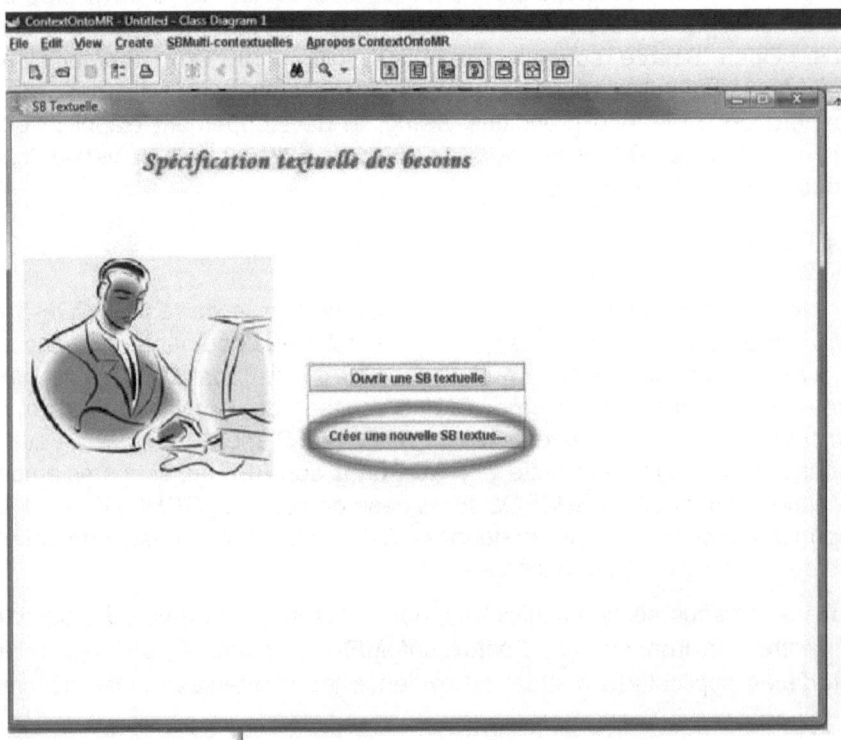

Figure V. 3 : Acquisition des besoins selon le modèle textuel

A partir de l'interaction avec les interfaces d'acquisition des besoins textuels, nous pouvons acquérir un ensemble d'informations pertinentes. Ces informations peuvent cerner quelques paramètres contextuels. La figure V.4 présente l'acquisition de quatre paramètres contextuels pour un besoin spécifié selon le modèle textuel pour le domaine d' e-learning , à savoir les paramètres *Location, Temps, activité* et *utilisateur*. Dans l'interface (cf. figure V.4), nous présentons les paramètres, à titre d'exemple, *rst_Rectorat de Sfax en Tunisie* pour le paramètre contextuel *Localisation*, l'année *2008/2009* comme paramètre *Temps*, l'*Inscription* comme activité et *Apprenant* comme *Utilisateur*.

Une fois les paramètres contextuels acquis, l'utilisateur spécifie ses besoins selon le modèle de besoins textuel proposé en introduisant le nom du besoin (*s'inscrire_à_plateforme*) et les opérations qui décrivent ce besoin. La figure V.5 présente l'interface d'acquisition des opérations (*remplir_formulaire*) d'un besoin selon le modèle de besoins textuel.

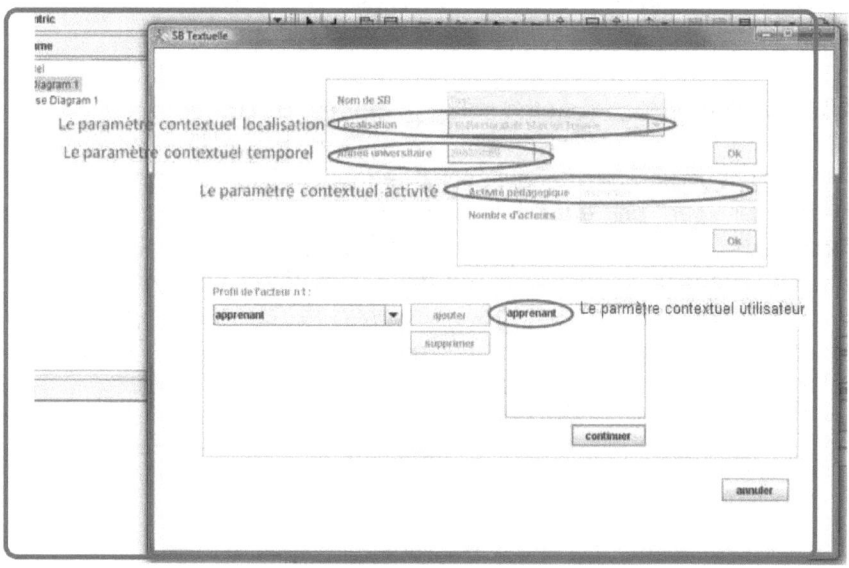

Figure V. 4 : Acquisition de quelques paramètres contextuels à partir du modèle textuel

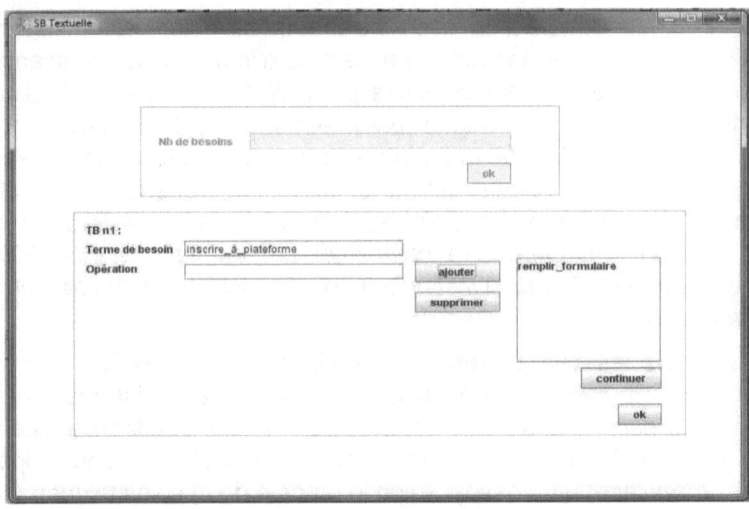

Figure V. 5 : Acquisition des opérations d'un besoin spécifié selon le modèle textuel

3.2.2. Acquisition des besoins selon le modèle DCU

Pour l'acquisition des besoins selon le modèle DCU proposé, l'utilisateur doit passer par un ensemble d'interfaces afin de fournir quelques informations contextuelles avant de spécifier ses besoins. La figure V.6 présente l'interface d'acquisition des deux paramètres contextuels *temps* et *activité* à travers les zones *"Année universitaire"* et *"Activité pédagogique"* encerclées dans la l'interface. Le paramètre contextuel *Temps* admet l'instance *2010/2011* et *inscription* comme *Activité*.

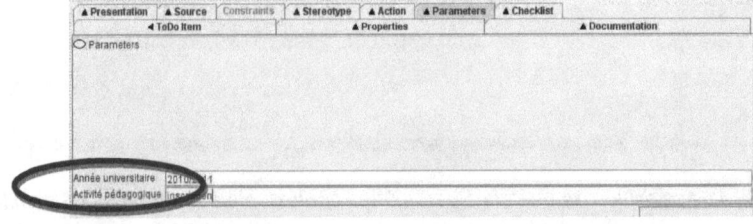

Figure V. 6 : Acquisition des paramètres temps et activité

D'autres interfaces permettent d'acquérir des paramètres contextuels telle que présentée dans la figure V.7 pour le paramètre *utilisateur*.

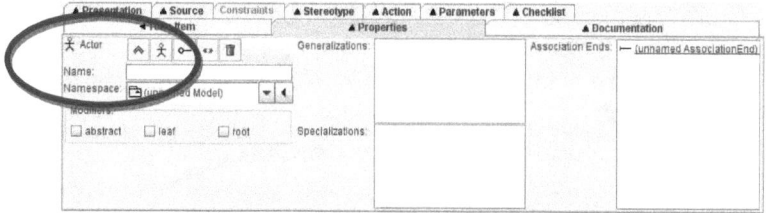

Figure V. 7 : Acquisition du paramètre utilisateur

La figure V.8 présente une interface d'acquisition du paramètre contextuel *localisation.* Dans cette interface, l'utilisateur est demandé de choisir une localisation (parmi les trois rectorats définis dans notre domaine d'étude).

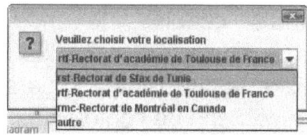

Figure V. 8 : Acquisition du paramètre localisation

Une fois les paramètres contextuels sont acquis, l'utilisateur passe à la spécification du besoin à travers un DCU. Il utilise des outils graphiques qui existent dans notre prototype afin de présenter le besoin sous forme d'un cas d'utilisation.

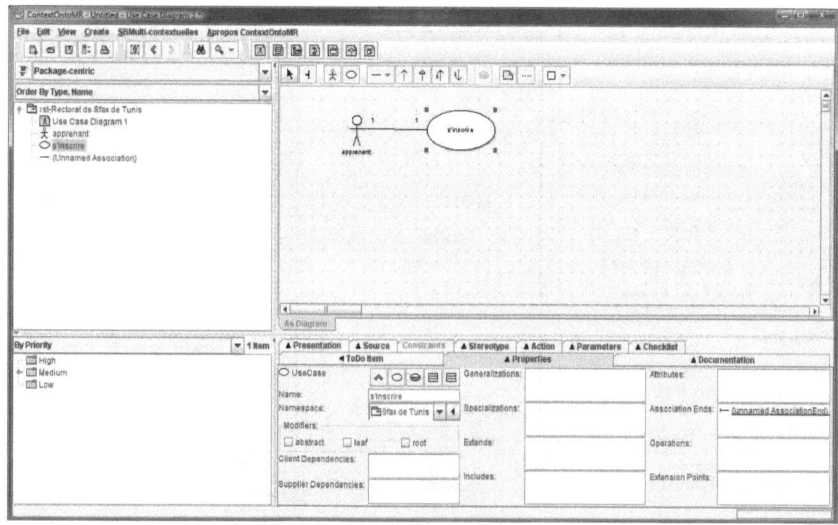

Figure V. 9 : Interface graphique de SB selon un cas d'utilisation.

La figure V.9 expose un cas d'utilisation nommé "*s'inscrire*" spécifié par un utilisateur. Après la spécification du besoin, l'utilisateur précise des actions comme le montre la figure V.10 (*introduire_mot_de_passe* et *introduire_votre_mail*).

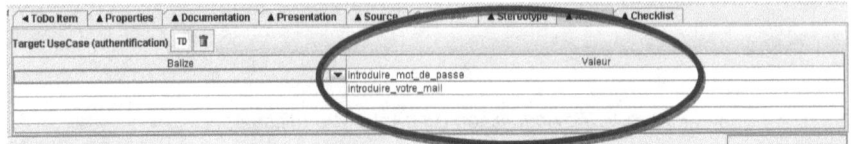

Figure V. 10 : Acquisition des actions d'un cas d'utilisation selon le modèle DCU

3.3. Description du module de prétraitement

Une fois les besoins spécifiés et les informations pertinentes telles que les paramètres contextuels acquise, le module de prétraitement se déclenche. Ce module a pour tâche d'unifier les SB représentées selon les deux modèles afin de faciliter la phase de comparaison entre les informations acquises des besoins et le contenu de l'ontologie.

Les informations acquises à partir des SB selon les deux modèles sont en format *XMI* et seront converties en format *XML* à travers une requête *Xquery*. La figure V.11 illustre cette transformation.

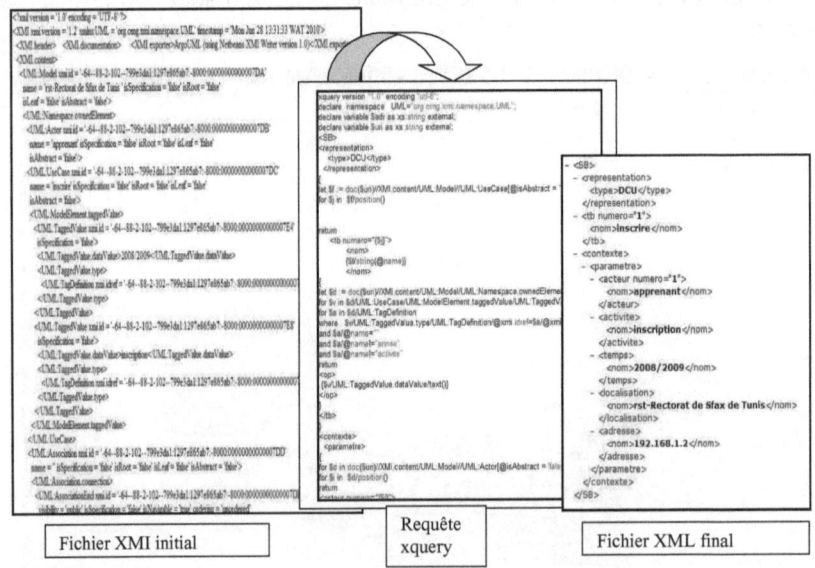

Figure V. 11 : Prétraitement des informations acquises de XMI en XML

Une fois les SB unifiées en un modèle pivot, l'utilisateur peut consulter le résultat de ce module sous forme d'un fichier XML comme illustré par la figure V.12. A ce niveau, l'utilisateur peut modifier quelques informations relatives à une SB si le cas se pose.

3.4. Description du module de raisonnement

L'inférence consiste à déduire le contexte. En effet, à partir des paramètres contextuels, le raisonneur infère le contexte. Si l'inférence aboutit alors les paramètres seront ajoutés dans le contexte inféré, sinon le besoin sera ajouté avec un nouveau contexte. L'action d'ajout d'un contexte doit être validée par l'expert. La figure V.13 illustre un contexte détecté à partir d'un ensemble de paramètres contextuels.

L'objectif principal des LD consiste à pouvoir raisonner efficacement pour minimiser les temps de réponse. Actuellement, plusieurs moteurs d'inférence gratuits ou commerciaux tels que *Racer*, *Pellet* et *F-OWL* existent. La plupart de ces moteurs sont conçus pour raisonner sur les LD mais acceptent en entrée des fichiers OWL.

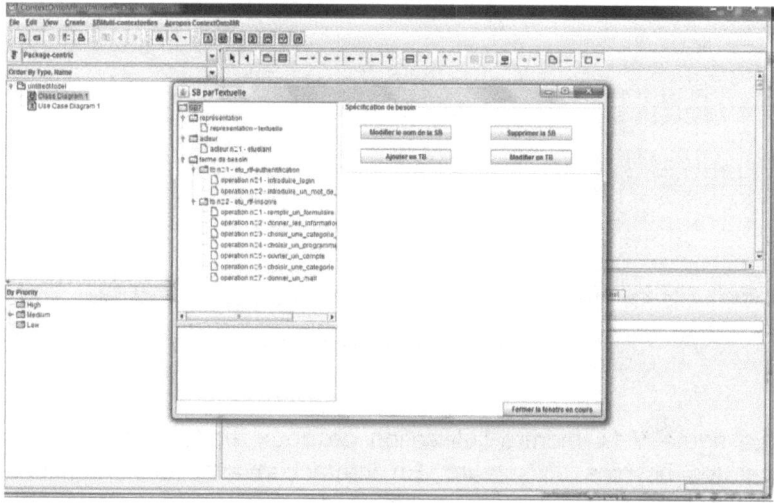

Figure V. 12 : Visualisation des besoins en XML

Certains moteurs d'inférence ne peuvent raisonner qu'au niveau terminologique (c'est-à-dire au niveau des concepts et des propriétés) alors que des moteurs comme *Pellet* et *Racer* permettent de raisonner aussi sur les instances de concepts. Quant à notre travail, nous utilisons un modèle d'inférence pour inférer une instance du concept *contexte* à partir des instances des paramètres contextuels.

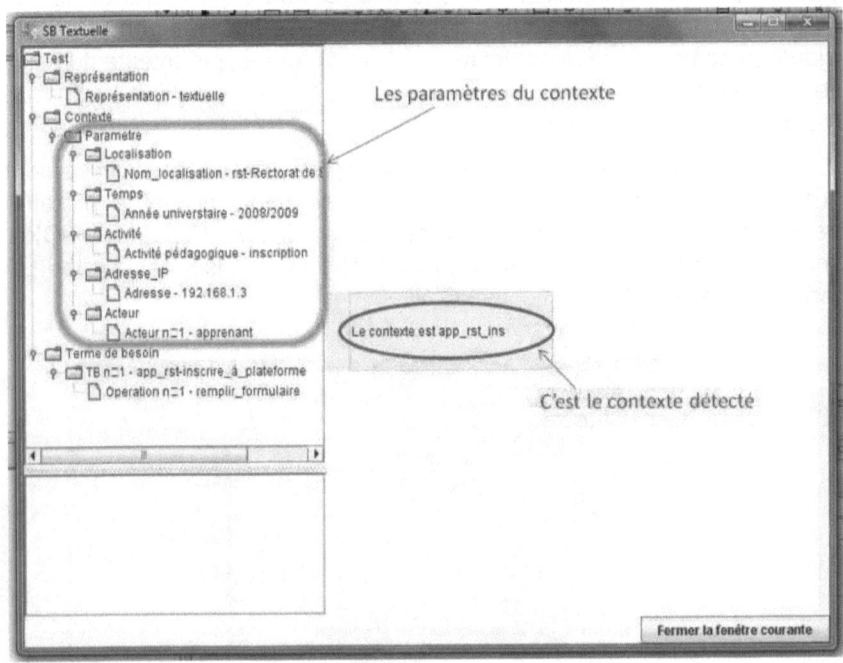

Figure V. 13 : Interface de contexte

La figure V.14 montre l'utilisation de deux modèles de besoins pour spécifier les besoins utilisateurs. En interaction avec ces modèles, notre système permet d'acquérir un ensemble de paramètres contextuels d'une façon semi-automatique. D'autres paramètres contextuels sont détectés automatiquement. Après l'acquisition de ces paramètres, une comparaison se déclenche avec les paramètres contextuels des besoins existant dans l'OMR. A travers l'API Jena appliquée sur l'ontologie, nous pouvons consulter les paramètres contextuels de chaque contexte dans l'ontologie. La comparaison se base sur les paramètres contextuels extraits de la nouvelle SB et la consultation des paramètres existant dans l'OMR. S'il y a une ressemblance entre les paramètres, alors le contexte sera détecté, sinon un nouveau contexte sera ajouté dans l'ontologie après la validation de l'expert de l'ontologie (et/ou du domaine).

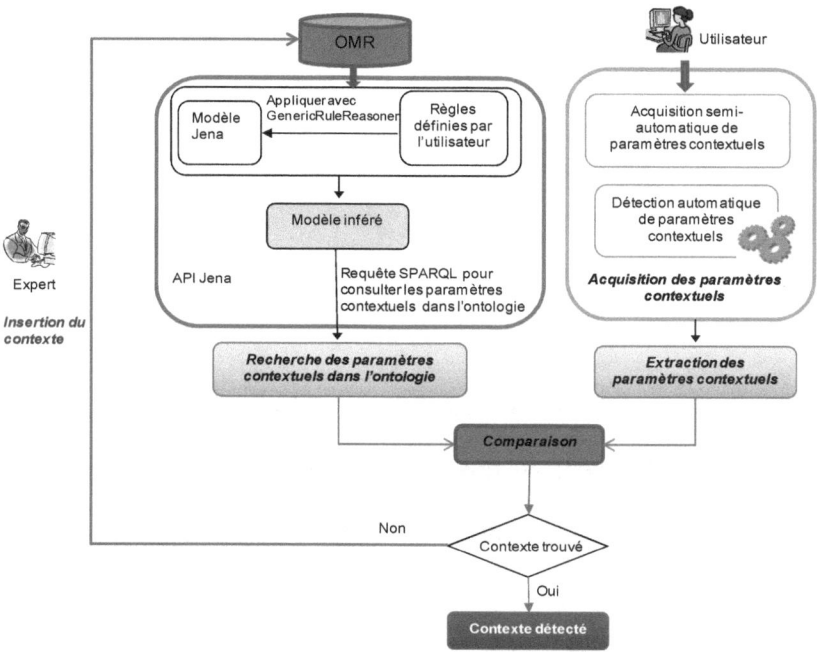

Figure V. 14 : Architecture d'intégration des paramètres du contexte dans l'ontologie.

3.5. Description des modules d'alimentation et d'assistance

Après l'acquisition et le prétraitement des besoins ainsi que ses informations, nous passons à la comparaison entre les informations acquises et celles qui existent dans l'ontologie. Cette comparaison a pour objectif d'interroger les instances de l'ontologie à travers l'API Jena. Dans la figure V.15, nous présentons une interface de comparaison entre les besoins à base des propriétés.

L'expert peut valider certaines actions prises par le prototype. Cette validation intervient surtout pour les relations sémantiques. *ContextOntoMR* est un outil semi-automatique qui interagit avec l'utilisateur/l'analyste et l'expert de domaine. D'une part, il permet à l'utilisateur de spécifier ses besoins selon deux modèles et lui assiste pendant la SB. D'autre part, notre prototype demande parfois la validation ou la confirmation de certaines actions de la part de l'expert du domaine.

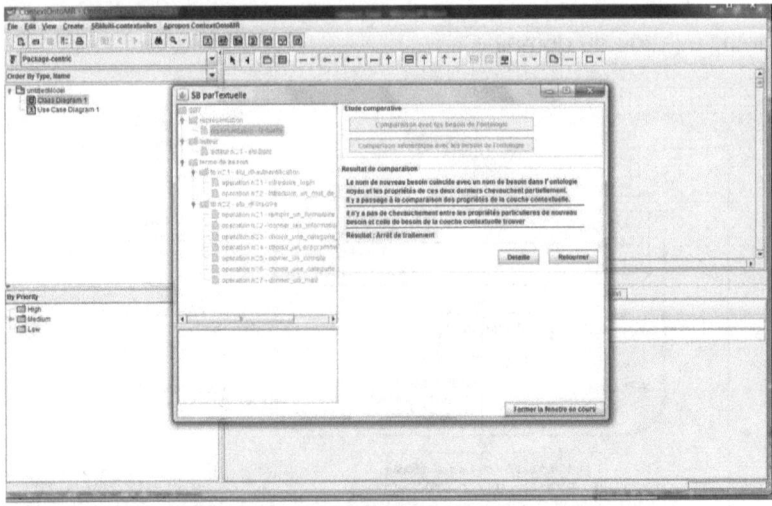

Figure V. 15 : Interface de comparaison entre les besoins

La figure V.16 présente une interface de validation de l'ajout d'une relation sémantique *(relation d'équivalence).* De même, la figure V.17 présente une interface de validation de la part de l'expert pour l'insertion des nouvelles propriétés à un besoin.

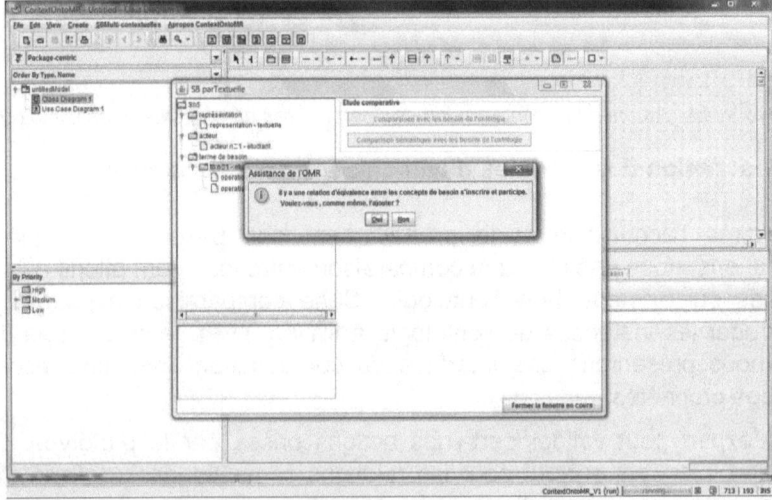

Figure V. 16 : Interface de validation de l'ajout d'une relation sémantique entre deux besoins.

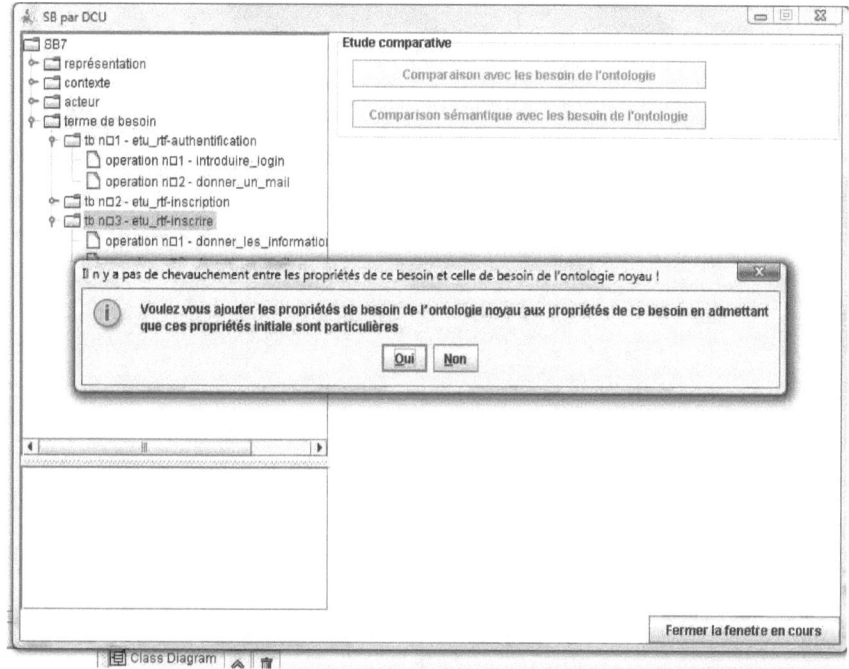

Figure V. 17 : Interface de validation d'un ajout de nouvelles propriétés à un besoin

4. CONCLUSION

L'outil *ContextOntoMR*, ainsi présenté, est une première version d'un prototype ayant pour but de montrer la faisabilité de notre approche de mise en œuvre d'une OMR pour assister la SB. Il permet à l'utilisateur de spécifier les besoins selon deux modèles *(textuel et DCU)* facilitant la tâche de l'utilisateur/l'analyste en surmontant le problème de multitude de contextes et de représentations. Cette assistance se réalise par la prise en compte du contexte dans l'ontologie proposée. *ContextOntoMR* permet d'assister les utilisateurs à travers l'OMR en donnant la possibilité de réutiliser des besoins définis dans d'autres contextes.

CONCLUSION GENERALE

Le niveau de modélisation vise à assurer une couverture sémantique large d'un domaine en tenant compte de sources hétérogènes. Cette modélisation vise à organiser et structurer l'ensemble des concepts et des relations issus de ces différentes sources accordées à plusieurs contextes. En outre, le contexte est considéré comme l'ensemble des informations caractérisant partiellement la situation d'une entité particulière. Comme le contexte ne contient pas toute l'information caractérisant une situation, il y a place pour plusieurs contextes pour une même situation. En effet, ce problème surgit durant une étape cruciale du cycle de vie d'un système à savoir la spécification des besoins. La variation de l'environnement et du contexte d'usage du système d'information peut entraîner le changement des besoins des utilisateurs, voire même leurs points de vue et attitudes vis-à-vis d'une situation donnée. Cette multitude de contextes a entraîné des expressions différentes des besoins, voire même les contradictoires. Une bonne conception d'un système d'information doit tenir compte de certains aspects essentiels pour la réussite du projet, à l'instar de la spécification des besoins, la prise en compte de la multitude de contextes et l'hétérogénéité des techniques utilisées pour la spécification des besoins. Cette étape été au cœur de notre travail visant à apporter des éléments de réponse au problème de spécification des besoins selon des contextes et des représentations multiples.

Les AGL actuels ne disposent pas d'informations précises sur le domaine ni le contexte d'étude. Ils se limitent actuellement à la vérification de certaines erreurs syntaxiques relatives aux spécificités des diagrammes utilisés. Nous avons orienté notre réflexion vers l'utilisation des ontologies connues par leurs apports incontestables au niveau sémantique. Elles sont généralement utilisées pour remédier aux problèmes sémantiques mais elles sont prévues pour fournir une compréhension généralement partagée par plusieurs communautés d'utilisateurs. Ces postulats nous ont amené à prendre en compte ces aspects pour avoir une ontologie qui supporte la multitude de contextes et pour pouvoir s'adapter aux différentes situations. Le cadre de thèse été de proposer une approche de mise en œuvre d'une ontologie pour la spécification des besoins multi-contextes.

1. BILAN DES CONTRIBUTIONS

Notre contribution, dans cette thèse a été la mise en œuvre d'une ontologie pour la SB supportant la multitude de contextes. Nous avons présenté dans ce rapport une approche pour la résolution des problèmes de multitude de contextes et de représentations émergés durant l'étape de spécification des besoins (SB). Cette dernière représente une étape importante intervenant durant le cycle de vie d'un système. L'approche proposée se base sur une ontologie de muti-représentation pour assister les utilisateurs et les analystes à spécifier les besoins multi-contextes. La proposition de telle approche a été motivée par le fait que les concepteurs des systèmes collaboratifs trouvent souvent des problèmes d'expression des besoins provenant des utilisateurs admettant des contextes différents. La variation de l'environnement et du contexte d'usage peut entraîner le changement des besoins des utilisateurs, voire même leurs points de vue et attitudes vis-à-vis d'une situation donnée. Les problèmes sont causés par la multitude d'interprétations et par la diversité des contextes des acteurs du système. Ces problèmes peuvent provoquer, dans certain cas, l'incohérence, l'ambiguïté sémantique et la difficulté de modélisation des besoins non détectables par les AGL actuels. Par conséquent, l'expertise du concepteur est insuffisante pour avoir des SB cohérentes, précises et concises.

Nous avons commencé par une étude bibliographique sur l'ingénierie des systèmes, l'ingénierie des besoins et les techniques actuelles de SB. Les travaux réalisés dans la littérature restent limités du fait qu'ils ne permettent pas de guider les utilisateurs dans l'expression de leurs besoins, de visualiser les différents contextes (comme moyen de compréhension du domaine d'étude) et n'offrent pas la possibilité de réutiliser des besoins définis dans d'autres contextes. Comme solution à ces limites, nous avons orienté notre réflexion vers l'utilisation des ontologies connues par leurs apports incontestables au niveau sémantique. Pour les problèmes de multi-contexte, nous avons procédé à une modélisation multi-contextuelle des besoins. Afin de remédier à ces problèmes et assister les futurs utilisateurs dans l'expression de leurs besoins, nous combinons l'ontologie et la multitude de contexte pour avoir une ontologie de multi-représentation (OMR). Cette dernière sert comme moyen d'assistance pour les utilisateurs durant la SB multi-contextes.

En effet, l'approche de mise en œuvre d'une ontologie de multi-représentation pour la SB multi-contextes   commence par l'acquisition des besoins proposés. La deuxième étape définit le prétraitement des SB en les transformant dans un modèle unifié afin de surmonter l'hétérogénéité des représentations des besoins. L'extraction des concepts représente la troisième étape. Ces concepts seront investis dans la quatrième étape de comparaison entre les connaissances qui existent dans l'ontologie et les nouveaux concepts extraits des nouvelles SB. Cette comparaison se base sur deux critères à savoir les propriétés des besoins et les paramètres contextuels. Finalement, la cinquième étape consiste en une extension de l'ontologie par les nouveaux besoins en les accordant aux contextes convenables.

Pour la mise en application de notre approche, nous avons proposé un environnement *ContextOntoMR* utilisant cette OMR pour assister les utilisateurs à spécifier leurs besoins multi-contextes. Nous avons pris comme étude de cas le domaine du e-learning. L'environnement proposé contient un ensemble de modules permettant de spécifier les besoins en surmontant les problèmes de multi-représentation et de multi-contexte.

Les apports de cette thèse peuvent se résumer dans les points suivants :

- La proposition du modèle pivot (en XML) pour acquérir les besoins. Ce modèle est simple, familier, facile et compréhensible par les utilisateurs et les analystes. Ainsi, l'intervention de l'expert du domaine est importante afin de valider les actions à réaliser par notre contribution.

- L'assistance de l'utilisateur durant la phase d'acquisition des besoins par l'utilisation d'une ontologie de multi-représentation.

- La proposition d'une approche de mise en œuvre d'une ontologie de multi-représentation pour la spécification des besoins multi-contextes et dépassant le problème de multi-représentation des besoins.

- La proposition d'une modélisation et d'une formalisation des concepts de l'ontologie proposée en supposant que cette ontologie est multicouche admettant une couche noyau et une couche contextuelle.

- Notre approche est supportée par l'environnement logiciel *ContextOntoMR* de spécification des besoins.

2. PERSPECTIVES

Plusieurs perspectives de ce travail sont envisagées, en l'occurrence :

- Etendre notre approche pour supporter d'autres formes d'acquisition des besoins en particulier la représentation formelle des besoins. L'objectif de cette extension est de proposer aux analystes et aux utilisateurs, différentes formes d'expression de leurs besoins.

- Elargir le spectre de formalisation des différents types de relations (*sémantiques, structurelles et lexicographique*) entre les concepts de besoins selon la logique de description étendue. Ces relations permettent d'expliciter davantage la sémantique des différents concepts de besoin selon leurs contextes.

- Prise en compte d'autres paramètres contextuels pour supporter d'autres aspects pour une meilleure flexibilité de l'ontologie à son environnement (ouverte aux différents domaines).

- Surmonter d'autres problèmes relatifs à la SB, à savoir, l'incertitude des besoins flous, vagues et imprécis (ontologies possibilistes).

- Poursuivre le développement du prototype *ContextOntoMR* en renforçant les fonctionnalités de l'OMR pour assister davantage les utilisateurs lors la SB multi-contextes.

RÉFÉRENCES BIBLIOGRAPHIQUES

[Abrial 96] Abrial J-R, "The B-book: assigning programs to meanings", Cambridge University Press, New York, NY, Springer Berlin / Heidelberg ISSN0302-9743 (Print) 1611-3349 ISBN978-3-540-64405-7, 1996.

[Aït-Ameur 07] Aït-Ameur Y., Bellatreche L. Pierra G.,"Modélisation à base ontologique en ingénierie. Principes et applications", in 8th International Symposium on Programming and Systems (ISPS'2007), May, 2007

[Akçay 07] Akçay O., Altan O., "Ontology for Context-Aware Visualization of Spatial Data in Mobile Devices", Joint Workshop - Visualization and Exploration of Geospatial Data, Stuttgart, Germany, International Archives of Photogrammetry, Remote Sensing and Spatial Information Sciences Volume XXXVI – 4/W45, 06/2007.

[Akoka .05] Akoka J., Comyn-Wattiau I. "Intégration de schémas de bases de données".
http://deptinfo.cnam.fr/Enseignement/CycleSpecialisation/ISI/MSI R-IV4.PPT (télécharger en Juin 2005).

[Ali 09] Ali M., Ben-Abdallah H., Gargouri F., "Formal Verification of Use Case and Sequence Diagrams Consistency", Proceeding of the 21th International Conference Software & Systems Engineering and their Applications ICSSEA-08, 9-11, Paris, France, December 2008.

[Aubry 06] Aubry M. "Modélisation, Suivi et Apprentissage de Comportements Non-Procéduraux dans un Environnement

Virtuel de Formation". Mémoire de master de Recherche, Juin 2006.

[Baader 03] Baader F., Calvanese D., Mcguinness D. L., Nardi D., Patelschneider P. F.,., "The Description Logic Handbook : Theory, Implementation, and Applications", Cambridge University Press Eds, 2003.

[Baker 99] Baker P.G., Goble C.A., Bechhofer S., Paton N.W., Stevens R., Brass A., " Une ontologie pour les applications de bioinformatique", Bioinformatics, vol.15, pp 510-520, 1999

[Bellatreche 06] Bellatreche L., Xuan D., Pierra G., Hondjack D., "Contribution of Ontology-based Data Modeling to Automatic Integration of Electronic Catalogues within Engineering Databases", Computers in Industry Journal, vol. 57, no 8-9, 2006.

[Benslimane 03] Benslimane D., Arara A., "The multirepresentation ontologies: a contextual description logics approach", The 15th Conference on Advanced Information Systems Engineering (CAiSE '03), Klagenfurt/Velden, Austria, 16-20 June, 2003.

[Benslimane 06] Benslimane D., Arara A., Falquet G., Maamar Z., Thiran P., Gargouri F., "Contextual Ontologies: Motivations, Challenges, and Solutions", The Fourth Biennial International Conference on Advances in Information Systems 18-20 October, 2006 Izmir, Turkey. ADVIS 2006 , Springer ed., 2006.

[Berners-Lee 01] Berners-Lee T., Hendler J. & Lassila O. "The semantic web". Scientific American 284, 34-43, 2001.

[Bontemps 02] Bontemps Y., "Une approche circulaire de l'Ingénierie des Exigences basée sur les Statecharts et les Live Sequence Charts", Journée des doctorants 2002, Inst. Info, FUNDP. 2002.

[Bouquet 03 a] Bouquet P., Giunchiglia F., Van Harmelen F., Serafini L. & Stuckenschmidt H. "C-OWL: Contextualizing Ontologies", International Semantic Web Conference, pp 164-179, 2003.

[Bouquet 03 b] Bouquet P., Bernardo M., Serafini L., "A SAT- Based Algorithm for Context Matching", The fourth International and Interdisciplinary Conference, CONTEXT 2003. 2003, Stanford, CA, USA. Springer, Lecture Notes in Computer Science, vol. 2680, pp 66-79, June 23-25, 2003.

[Bouquet 04] Bouquet P., Giunchiglia F., Harmelen F.V, Serafini L., Stuckenschmidt H., "Contextualizing ontologies", Technical Report DIT-04-013, Informatica e Telecomunicazioni, University of Trento, 2004.

[Brézillon 99] Brézillon P. "Context in problem solving: A survey". The Knowledge Engineering Review 14, pp 1-34. 1999.

[Brézillon 03] Brézillon P. "Context dynamic and explanation in contextual graphs".Modeling and Using Context", Fourth International and Interdisciplinary Conference, Context 2003, pages 94_106, Springer-Verlag , Berlin, 2003.

[Cai 07] Cai G. "Contextualization of Geospatial Database Semantics for Human–GISInteraction", GeoInformatica, vol. 11, n° 2, pp. 217-237, 2007.

[Chaari 05] Chaari T. & Laforest F. "L'adaptation dans les systèmes d'information sensibles au contexte d'utilisation: approche et modèles", Conférence Génie Electrique et Informatique (GEI), Sousse, Tunisie, pp. 56-61, 2005.

[Chaari 07] Chaari T. "Adaptation d'applications pervasives dans des environnements multi-contextes". Thèse de doctorat à l'institut national des sciences appliquées de lyon, laboratoire LIRIS, 2007.

[Chalmers 04] M. Chalmers, "A Historical View of Context", Computer supported cooperative work 13(3):223-247, 2004.

[Chen 00] Chen G. & Kotz D., "A survey of context-aware mobile computing research", Technical Report TR2000-381, Dept. of Computer Science, Dartmouth College, November 2000.

[Chen 04] Chen, H. "An Intelligent Broker Architecture for Pervasive Context-Aware Systems", PhD Thesis, University of Maryland, Baltimore County, 2004.

[Claramunt 98] Claramunt C., "Un modèle de vues spatiales pour une représentation flexible de données géographiques", Thèse de doctorat de l'Université de Bourgogne, 1998.

[Contini 02] Contini I, "L'apport de l'ingénierie des besoins à l'ingénierie de l'urbanisme des systèmes d'information", Colloque Urbanisation des Systèmes d'Information, Université Paris 1 Panthéon Sorbonne, Juin 2002.

[Corby 04] Corby O., Dieng-Kuntz R., Faron-Zucker C., "Querying the Semantic Web with Corese Search Engine", the 16th European Conference on Artificial Intelligence (ECAI'2004), Prestigious Applications of Intelligent Systems, pages 705–709, Valencia, Spain, August 22-27, 2004.

[Coutaz 02] Coutaz J., Rey G. "Foundations for a theory of contextors", In C. Kolski and J. Vanderdonckt, editors, 4th International Conference on Computer-Aided Design of User Interfaces, pages 283;302,Valenciennes, France, May 2002.

[Cullot 03] Cullot N., Parent C., Spaccapietra S., Vangenot C., "Des SIG aux ontologies géographiques", Revue Internationale de Géomatique, Volume 13 - No 3/2003, pp. 285 – 306, 2003.

[Dammand 99] Dammand W., Harel D., "LSCs: Breathing Life into Message Sequence Charts", Third International Conference on Formal Methods for Open Object-Based Distributed Systems, FMOODS'99 IFIP TC6/WG6.1, 1999.

[Dey 01] Dey A. K., Salber D. & Abowd G., "A conceptual framework and a toolkit for supporting the rapid prototyping of context-aware applications", Human Computer Interaction J., vol. 16, p. 97–166, 2001.

[Dey 99] Dey, A.K. & Abowd, G.D. "Towards a Better Understanding of Context and Context-Awareness", Firstt international symposium on Handheld and Ubiquitous Computing. Springer-Verlag, Karlsruhe, Germany, 1999.

[Donini 92] Donini F-M, Lenzerini M., Nardi D., Hollunder B., Nutt W., Marchetti A., Spaccamela, "The complexity of existential quantication in concept languages", Artificial Intelligence, pp 309 327, 1992.

[Donini 97] Donini F-M, Lenzerini M., Nardi D., Nutt W., "The complexity of concept languages", Information and Computation, pp 134 -158, 1997.

[Dourish 01] Dourish P. "Seeking a foundation for context-aware computing", Human-Computer Interaction, pp 16-23, 2001.

[Edmondson 93] Edmondson W.H. & Meech J.F. "A model of context for human-computer interaction", Proceedings of the IJCAI-93 Workshop on Using Knowledge in its Context, Technical Report 93/13, LAFORIA, University Paris 6, pp. 31-38. 1993.

[Essamé 04] Essamé D., "La méthode B et l'ingénierie système", TSI : Technique et science informatiques, ISSN 0752-4072, vol. 23, no7, pp. 929-938, 2004.

[Falquet 01] Falquet, G., Claire, L., Jiang, M., "Navigation hypertexte dans une ontologie multi-points de vue", In Proc. NimesTIC-01 conférence, Nîmes, France, 2001.

[Fensel 01] Fensel D., Harmelen F.V, Horrocks I., McGuinness D., Patel-Schneider P., "An ontology infrastructure for the semantic web", IEEE Intelligent Systems, pages 38–44, 2001.

[Ferry 08] Ferry N., LAVIROTTE S., REY G. & TIGLI J.-Y. "Adaptation Dynamique d'Applications au Contexte en Informatique Ambiante". Rapport Technique, Laboratoire I3S, Université de Nice - Sophia Antipolis / CNRS, numéro I3S/RR-2008-20-FR, Sophia Antipolis, France, octobre 2008.

[Fonseca 02] Fonseca F. , Egenhofer M. , Davis C., Câmara G., "Semantic Granularity in Ontology-Driven Geographic Information Systems", Annals of Mathematics and Artificial Intelligence, v.36 n.1-2, p.121-151, September 2002

[Gagandeep 06] Gagandeep S., Prabhakar T.V, Jayanta C." OntoViz: Visualizing Ontologies and Thesauri Using Layout Algorithms", Th 5th conference of Asian federation for information technology in agriculture, 2006.

[Gentile 96] Gentile M., An object-oriented approach to manage the multiple representations of real entities, Thèse de doctorat en informatique, Lausanne, EPFL, N° 1490, 1996.

[Gervais 04] Gervais F., EB4 : Vers une méthode combinée de spécification formelle des systèmes d'information, Rapport de recherche, Université de Sherbrooke, Juin 2004.

[Ghidini 01] Ghidini C., Giunchiglia F., "Local models semantics, or contextual reasoning : locality + compatibility", Artificial Intelligence, 127-2, 221–259, April 2001.

[Göker 02] Göker A. & Myrhaug H.I. "User context and personalisation". In: Workshop proceedings for the 6th European Conference on Case Based Reasoning 2002.

[Gruber 93 a] Gruber T.R, Toward R., "Principles for the Design of Ontology Used for Knowledge Sharing", Stanford Knowledge Systems Laboratory, 1993.

[Gruber 93.b] Gruber T.R, "A Translation Approach to Portable Ontology specifications", Academic Press, 1993.

[Gruber 93 c] Gruber T.R, "A translation approach to portable ontology specification. Knowledge Acquisition", Knowledge Acquisition, Vol. 5, 199–220, 1993.

[Guarino 98] Guarino N., "Formal Ontology and Information Systems", Proceedings of FOIS'98, Trento, Italy,. Amsterdam, IOS Press, pp. 3-15, 6-8 June 1998.

[Guarino 00] Guarino N., Welty C. A., "A formal ontology of properties". In Knowledge Acquisition, Modeling and Management, pages 97–112, 2000.

[Guoray 07] Guoray G, "Contextualization of Geospatial Database Semantics for Human-GIS Interaction", GeoInfo(11), No. 2, pp. 217-237, June 2007.

[Halpin 01] Halpin T. A., "Information Modeling and Relational Databases: From Conceptual Analysis to Logical Design". San Francisco: Morgan Kaufman, 2001.

[Henricksen 04] Henricksen K. & Indulska J. "Modelling and Using Imperfect Context Information". PerCom Workshops, pp 33-37, 2004.

[Henricksen 06] Henricksen, Karen Indulska, Jadwiga "Developing context-aware pervasive computing applications: Models and approach" Pervasive and Mobile Computing, vol. 2, no. 1, pp. 37–64, 2006.

[ITU 96] ITU Recommendation Z. 120: "Message Sequence Chart (MSC)". Technical report ,Geneva, 1996.

[Jackson 01] Jackson M., Problem Frames. "Analyzing and structuring software development problems", Addison-Wesley edition, 2001.

[Jacobson 93] Jacobson I, Christensen M., Jonsson P., Övergaard G., "Object-oriented Software Engineering: A Use Case Approach Author", Classic Book Review Ivar Jacobson: Published by: Addison-Wesley (ACM Press) ISBN 0201544350, 1993.

[Jacobson 02] Ivar Jacobson, Kurt Bittner, Ian Spence, "Use Case Modeling, Addison Wesley Professional", ISBN 0-201-70913-9, 2002.

[Jérôme 00] Costanzo J, "Gestion de Projets et Systèmes d'Information pour l'Aide à la Décision Stratégique", Mémoire de Diplôme d'Etudes Approfondies, Institut National Polytechnique de Toulouse Département de Génie des Systèmes Industriels ENSIGC, 2000.

[Jovanović 07] Jovanović J., Gašević D., Knight C. & Richards G. "Ontologies for Effective Use of Context in e-learning Settings". Educational Technology & Society, 10 (3), 47-59, 2007.

[Kaltz 04] Kaltz J. W. et Ziegler J. "A conceptual model for context-aware Web engineering". In proceedings Workshop on Modelling and Retrieval of Context, CEUR, ISSN 1613-0073, Vol-114, 2004.

[Kilpeläinen 00] Kilpeläinen T., "Maintenance of Multiple Representation Databases for Topographic Data", The Cartographic Journal, Vol. 37, No. 2, pp. 101-107, 2000.

[Korpipaa 03] Korpipää, P., Mantyjarvi, J., Kela, J., Keranen, H. & Malm, E-J, "Managing context information in mobile devices", IEEE Pervasive Computing, Vol. 2, No. 3, July–September, pp.42–51, 2003.

[Kuck 07] Kuck J., Reichartz F. "A collaborative and feature-based approach to context-sensitive service discovery". In: 16th International World Wide Web Conference, Workshop on Emerging Applications for Wireless and Mobile Access (MobEA V), Banff, Alberta, Canada, May 2007.

[Leclerq 00] Leclerq E., "Interopérabilité sémantique des systèmes d'information géographique : une approche basée sur la médiation de contexte", Thèse de Doctorat, Université de Bourgogne, Dijon, 2000.

[Lee 05] Lee W. L, "OWL: Representing Information Using the Web Ontology Language", Trafford Publishing, 2005.

[Lonchamp 03] Lonchamp J., "Les techniques de spécification : deuxième partie", CNAM - CRA Nancy 2003.

[Manola 05] Manola F., Miller E., W3C and B. McBride, "Rdf primer", site officiel, http ://www.w3.org/TR/2004/REC-rdfprimer- 20040210/, Juin 2005.

[Mhiri 10] Mhiri M., "Proposition d'une approche de mise en place d'une ontologie pour la vérification de représentations conceptuelles orientées objet", Thèse de doctorat en informatique, FSEG, Sfax, Tunisie, 2010.

[Mhiri 05] Mhiri M., Mtibaa A., Gargouri F., "UMLOnto: Towards a language for the specification of information systems' ontologies", The 17th International Conference on Software Engineering and

Knowledge Engineering, Taipei – Taiwan – Chine, 14-16 Juillet 2005.

[Mhiri 06] *Mhiri M., Chabaane S., Mtibaa A., Gargouri F., "An algorithm for building information system's ontologies", The 8th International Conference on Enterprise Information Systems, Paphos – Cyprus, 23 - 27 Mai 2006.*

[Mtibaa 05] *Mtibaa A., Mhiri M., F. Gargouri, "Démarche de construction d'une ontologie pour la conception des systèmes d'information Cas du Commerce électronique", Les 5ème Journées Scientifiques des Jeunes Chercheurs en Génie Electrique et Informatique, Sousse, Tunisie, 25-27 Mars 2005.*

[Mtibaa 06] *Mtibaa A., Gargouri F., "Vers une approche de construction d'une ontologie de multi-représentation pour assister l'utilisateur à spécifier ses besoins multi-contexte", The 9th Maghrebian Conference on software engineering and artificial intelligence, Agadir – Morocco 07-09 Decembre 2006.*

[Mtibaa 07] *Mtibaa F, Jaziri W., "Ontologie de multi-représentation comme vue utilisateur pour la spécification des besoins multi-contextes", Les 1ère Journées Francophones sur les Ontologies, pp 37-53, CPU, ISBN N°978-9973-37-414-1.Sousse, 18-20 Octobre 2007.*

[Mtibaa 08] *Mtibaa A., Jaziri W., Gargouri F., "Une extension de l'ontologie de domaine pour supporter la multitude de contexte lors de la spécification des besoins", The 1st International Conference of Web and Information Technologies, Sidi Bel Abbes – Algeria, 29-30 Juin 2008.*

[Mtibaa 09 a] *Mtibaa A., Gargouri A., "A multi-representation ontology for the specification of multi-context requirements", The second International conference on Signal Image Technology & Internet based System, Hammamet, Tunisia. E. Damiani et al. (Eds.): extended version of SITIS 2006, LNCS 4879, Springer-Verlag Berlin Heidelberg, pp. 235–246, 2009.*

[Mtibaa 09 b] *Mtibaa A., Jazirii W., "Contexte : vision d'un acteur de son système d'information à travers une ontologie", The second International Conference of Web and Information Technologies 2009, Îles de Kerkinnah –Tunisie, Juin 2009.*

[Muller 02] *Muller P.A., "Modélisation objet avec UML", Editions Eyrolles ,2002*

[Napoli 97] Napoli A., "Une brève introduction aux logiques de descriptions". Logique de Description, Rapport de recherche INRIA Loraine, N° 3314, 72 p., décembre 1997.

[Nardi 03] Nardi D., Brachman R. J., "An introduction to description logics", Theory, Implementation and Applications. Cambridge University Press, pp. 5-44, 2003.

[Nebel 90] Nebel B., "Reasoning and Revision in Hybrid Representation Systems", Lecture Notes in Artificial Intelligence 422. Springer-Verlag, Berlin, 1990.

[Papazoglou 97] Papazoglou M.P., Krämer B.J., "A Database Model for Object Dynamics", VLDB Journal, Vol. 6, 1997.

[Pierra 02] Pierra G., "Un modèle formel d'ontologie pour l'ingénierie, le commerce électronique et le Web sémantique : Le modèle de dictionnaire sémantique PLIB", Journées Scientifiques web sémantique, Paris, Octobre, 2002.

[Pierra 03] Pierra G., "Context-Explication in Conceptual Ontologies : The PLIB Approach" , In Proceedings of CE'2003 : Special track on Data Integration in Engineering, 2003.

[Pierra 06] Pierra G., "Context-explication in conceptual ontologies : PLIB ontologies and their use for industrial data", Journal of Advanced Manufacturing Systems JAMS, 2006.

[Pierra 08] Pierra G., "Context Representation in Domain Ontologies and its Use for Semantic Integration of Data", Journal Of Data Semantics (JODS), LNCS 4900, pp.173-210, 2008

[Pinheiro 04] Kirsch-Pinheiro, M., Gensel, J., Martin, H., "Representing Context for an Adaptative Awareness Mechanism", In: G.-J. de Vreede; L.A. Guerrero, G.M.Raventos (Eds.), LNCS 3198 - CRIWG 2004, X International Workshop on Groupware, San Carlos, Costa Rica, Sept. 2004. Springer, 2004, pp. 339-348

[Pohl 96] Pohl K., "Process-Centered Requirements Engineering", Wiley/Research Studies Press, New York, 1996.

*[Rector 93] Rector A.L., Nowlan W.A., " The GALEN Project", Computer Methods and Programs in Biomedicine, **45**, 1993, pp. 75–78.*

[Régis-Gianas 07] Régis-Gianas Y., "Des types aux assertions logiques : Preuve automatique ou assistée de propriétés sur les

programmes fonctionnels", Thèse en Informatique, Université Paris 7, Novembre 2007.

[Rifaieh 04] Rifaieh R.D, "Utilisation des ontologies contextuelles pour le partage sémantique entre les systèmes d'information dans l'entreprise", thèse de l'école : Informatique et information pour la société, institut national des sciences appliquées de Lyon, Décembre 2004.

[Rifaieh 06] Rifaieh R., Benharkat A-N, "Sharing semantics among enterprise information systems with contextual ontologies: theory and practice", The International Journal of Metadata, Semantics and Ontologies (4): 306-321, 2006.

[Rolland 98] Rolland C., Souveyet C., Ben Achour C., "Guiding Goal Modelling Using Scenarios", IEEE Transactions on Software Engineering, special issue on Scenario Management, Vol. 24, No. 12, 1055-1071, Dec. 1998.

[Rolland 01] Rolland C., "Requirements Engineering for COTS based systems, information and software technology", 2001.

[Russel 02] Russell S.J., Norvig P., "Artificial Intelligence : A Modern Approach", 2ème édition. Prentice Hall, 2002.

[Schenck 94] Schenck, D. A. and Wilson, P. R., "Information Modeling: the EXPRESS Way", Oxford University Press., 1994.

[Schilit 94] Schilit B., Adams N. & Want R. "Context-aware computing applications". In Proceedings of IEEE Workshop on Mobile Computing Systems and Applications, pages 85-90, Santa Cruz, California, December 1994. IEEE Computer Society Press.

[Schmidt-Schaub 91] Schmidt-Schaub M., Smolka G., Attributive concept descriptions with complements, Articial Intelligence 48 (1), 126, 1991.

[Sheng 05] Sheng Q.Z. & Benatallah B. "ContextUML: A UML-Based Modeling Language for Model-Driven Development of Context-Aware Web Services". ICMB 2005: 206-212.

[Singh 06] Abhishek Singh, Michael Conway, "Survey of Context aware Frameworks -Analysis and Criticism", UNC-Chapel Hill ITS, The University of North Carolina, 2006.

[Spaccapietra 99] Spaccapietra S., Parent C., Zimanyi E., "Spatio-Temporal Conceptual Models: Data Structures + Space + Time", 7th ACM

Symposium on Advances in Geographic Information Systems, pp 26-33, 1999

[Spyns 02] Spyns P., Meersman R., Jarrar M., "Data modelling versus ontology engineering", SIGMOD Rec., vol. 31, no 4, pp. 12–17, ACM Press., 2002.

[Strang 03] Strang T., Linnhoff-Popien C. & Frank K. "CoOL: A Context Ontology Language to enable Contextual Interoperability". LNCS 2893, 236–247, 2003.

[Stuart 02] Stuart J.N., Betsy L.P, Humphreys T, "The unified medical language system (umls) project", Allen Kent and Carolyn M. Hall, editors, Encyclopedia of Library and Information Science, pages 369–378. Marcel Dekker, Inc., 2002.

[Teulier 05] Teulier R., Charlet J., Tchounikin P., "Ingénierie des Connaissances". Edited by L'Harmatan, isbn : 2-7475-8240-X, 505 pages, 2005.

[Tsarkov 03] Tsarkov D., Horrocks I., "DL reasoner vs. first-order prover", Description Logic Workshop DL 2003, volume. pp. 152-159, 2003.

[Tudor 05] Tudor H., "Guide d'ingénierie des exigences logicielles avec UML", Projet: SPINOV, Guide pratique, 2005.

[Turner 99] Turner, J. C., "Some current issues in research on social identity and self-categorization theories. In N. Ellemers, R. Spears, & B. Doojse (Eds.), Socialidentity: Context, commitment, content, Oxford: Blackwell, pp. 6–34, 1999.

[Vangenot 04] Vangenot, C., 2004, "Multi-representation in spatial databases using theMADS conceptual model", ICA Workshop on Generalisation and Multiple representation", Leicester, UK, 20-21 August 2004,

[Walckiers 04] Walckiers M., De Praetere T., "L'apprentissage collaboratif en ligne : huit avantages qui en font un must. Distances et Savoirs, 1, Vol. 2, p. 1-23., 2004.

[Zacklad 07] Zacklad M., "Classification, thésaurus, ontologies, folksonomies : comparaisons du point de vue de la recherche ouverte d'information (ROI"), In CAIS/ACSI 2007, 35e Congrès annuel de l'Association Canadienne des Sciences de l'Information. Partage de l'information dans un monde fragmenté : Franchir les *frontières, sous la dir. de C. Arsenault et K. Dalkir. Montréal : CAIS/ACSI, 2007.*

[Zave 93] Zave P., Jacksom M., "Conjunction as Composition", ACM Transactions on Software Engineering and Methodology, Volume 2, Number 4, pages 379-411, 1993.

ANNEXE 1 : QUELQUES SB DU DOMAINE E-LEARNING

Dans cette annexe, nous présentons quelques SB d'un acteur ("étudiant") du domaine e-learning. Nous avons établi ces SB en utilisant deux techniques, à savoir, le diagramme des cas d'utilisation (DCU) et la spécification textuelle des besoins. Nous présentons, dans la figure 1, une première SB de l'acteur "étudiant" selon le modèle DCU.

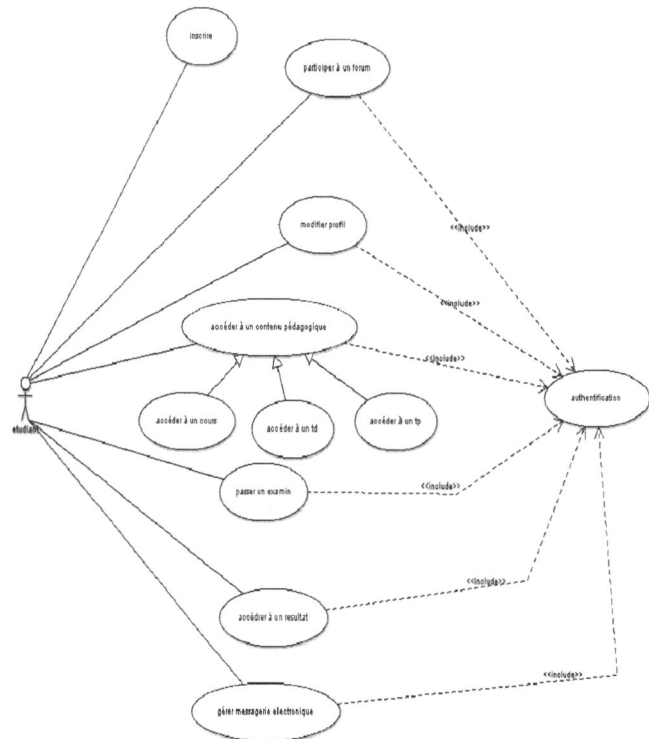

Figure 1. Première SB de l'acteur "étudiant" selon un DCU

Chaque cas d'utilisation du DCU, présenté dans la figure 1, est décrit par un ensemble de propriétés. Ces dernières permettent d'expliciter les besoins définis. Le tableau 1 présente ces besoins (sous forme de cas d'utilisation) et leurs propriétés (sous forme d'actions).

Tableau 1 : Déscription des cas d'utilisation de la première SB de l'étudiant

Cas d'utilisation	Description	
	Numéro	Propriétés
Authentification	1	introduire login
	2	introduire mot de passe
Inscrire	1	remplir formulaire
	2	confirmer inscription
Participer à un forum	1	choisir un sujet de discussion
	2	remplir une participation
	3	répondre à une participation
Modifier profil	1	changer une information
Accéder à un contenu pédagogique	1	choisir un type
Accéder à un cours	1	accéder à un cours
Accéder à un TD	1	accéder à un TD
Accéder à un TP	1	accéder à un TP
Passer un examen	1	accéder au calendrier d'examen
	2	confirmer la participation
Accéder à un résultat	1	choisir module
	2	voir résultat
Gérer messagerie électronique	1	accéder à la boite de réception
	2	communiquer avec des amis
	3	contacter tuteurs

Dans le tableau 2, nous présentons une deuxième SB des besoins de l'acteur "étudiant" mais selon une spécification textuelle des besoins. Chaque besoin est décrit par un ensemble d'opérations.

Tableau 2 : Deuxième SB de l'acteur "étudiant" selon une représentation textuelle

Spécification textuelle des besoins Acteur : Etudiant

Terme de besoin(TB) 1 : Authentification

    Opération (op) 1 : Introduire login

    OP2 : Introduire mot de passe

TB2 : inscrire

    OP1: Remplir un formulaire

    OP2 : Choisir une catégorie d'inscription

    OP3 : Confirmer l'inscription

TB 3 : Discuter à un forum

    OP1 : Choisir un thème de discussion

    OP2 : Poser une question

    OP3 : Répondre à une question

TB 4 : Modifier profil

    OP1 : Changer une information

    OP2 : Annuler le changement

TB 5 : Consulter un document pédagogique

    OP1 : Choisir un type

TB 6 : Consulter un cours

    OP1 : Accéder à un cours

TB 7 : Consulter un TD

    OP1 : Accéder à un TD

TB 8 : Consulter une évaluation

    OP1 : Accéder à une évaluation

TB 9 : Passer un examen

    OP1 : Accéder au calendrier des examens

    OP2 : Confirmer la participation

TB 10 : Télécharger un document pédagogique

OP1 Accepter le document pédagogique

TB 11 : Consulter résultat

    OP1 : Afficher résultat

TB 12 : Gérer le Courier

    OP1 : Accéder à la boite de réception

    OP2 : Écrire un Courier électronique

TB 13 : Réaliser un projet

    OP1 : Consulter les sujets de projets

    OP2 : Ajouter proposition

Dans la figure 2 et le tableau 3, nous présentons une troisième SB de l'acteur "apprenant" (étudiant) selon un DCU.

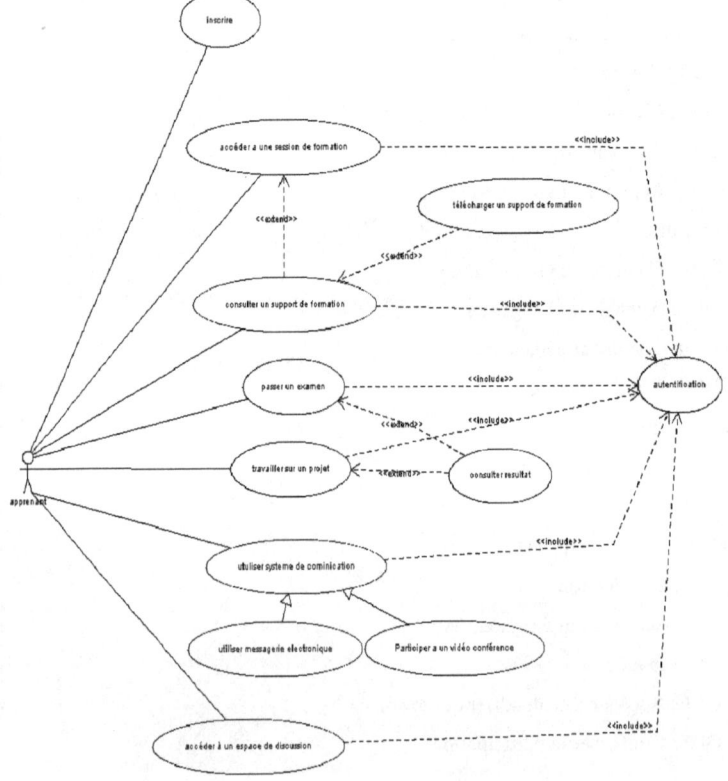

Figure 2. Troisième SB de l'acteur "étudiant" selon un DCU

Tableau 3 : Description des cas d'utilisation de la troisième SB de l'acteur "étudiant"

Cas d'utilisation	Description	
	numéro	Propriétés
Authentification	1	Introduire login
	2	Introduire mot de passe
Inscrire	1	Remplir un formulaire
	2	Choisir un programme de formation
	3	Demander l activation du compte
	4	Ouvrier un compte
	5	Confirmer l inscription
Accéder a une espace de discussion	1	Accéder a un thème de discussion
	2	Rédiger une participation
	3	Répondre à une participation
Consulter un support de formation	1	Choisir un type
	2	Imprimer le support
Passer un examen	1	Authentifier
	2	Accéder au calendrier des examens
	3	Accéder a l'examen
	4	Réaliser l'examen
Travailler sur un projet	1	Consulter les sujets de projets
	2	Inscrire a un projet
	3	Préciser date de dépôt
Afficher résultat	1	Afficher résultat
Télécharger un support de formation	1	Accepter le support de formation
Accéder à une session de formation	1	Voir calendrier de séance de formation disponible
utiliser système de communication	1	Choisir un système de communication
utiliser messagerie Electronique	1	Accéder à la boite de réception
	2	Lire un mail
	3	Ecrire un mail
Participer à un vidéo conférence	1	Configure les périphériques de communication

Dans le tableau 4, nous présentons un extrait d'une étude comparative entre les besoins d'un même acteur "étudiant" en se basant sur un ensemble de SB accordées à des contextes et des représentations différentes.

Tableau 4 : *Tableau récapitulatif des SB de l'acteur "étudiant" selon trois SB*

SB 1		SB 2		SB 3	
TB	**Propriétés**	**TB**	**Propriétés**	**TB**	**Propriétés**
inscrire	Remplir un formulaire	inscrire	Remplir un formulaire	inscrire	Remplir un formulaire
			Choisir une catégorie d'inscription		Choisir un programme de formation
					Ouvrir un compte
					Demander l'activation du compte
	Confirmer l'inscription		Confirmer l inscription		Confirmer l inscription
Participer à un forum	Choisir un sujet de discussion	Discuter à un forum	Choisir un thème de discussion	Accéder a une espace de discussion	Accéder à un thème de discussion
	Ecrire une participation		Ecrire une participation		Ecrire une participation
	Partager un fichier		Répondre à une participation		Contacter un membre
Modifier un profil	Changer une information	Modifier un profil	Changer une information		
	Valider le changement		Annuler le changement		
Accéder à un contenu pédagogique	Choisir un type du contenu	Consulter un document pédagogique	Choisir un type du contenu	Consulter un support de formation	Choisir un type du contenu
	Télécharger le contenu				Imprimer support
Accéder à un cours	Accéder à un cours	Consulter un cours	Accéder à un cours		
Accéder à un TD	Accéder à un TD	Consulter un td	Accéder à un TD		
	Supprimer utilisateur				

ANNEXE 2 : OMR POUR LA SB EN OWL

```xml
<?xml version="1.0"?>
<rdf:RDF
    xmlns:rdf="http://www.w3.org/1999/02/22-rdf-syntax-ns#"
    xmlns="http://www.owl-
ontologies.com/Ontology1265194602.owl#"
    xmlns:owl="http://www.w3.org/2002/07/owl#"
    xmlns:xsd="http://www.w3.org/2001/XMLSchema#"
    xmlns:rdfs="http://www.w3.org/2000/01/rdf-schema#"
  xml:base="http://www.owl-
ontologies.com/Ontology1265194602.owl">
  <owl:Ontology rdf:about=""/>
  <owl:Class rdf:ID="LOCATION">
    <rdfs:subClassOf>
      <owl:Class rdf:ID="PARAMETER"/>
    </rdfs:subClassOf>
    <owl:disjointWith>
      <owl:Class rdf:ID="PHYSICAL_ENV"/>
    </owl:disjointWith>
    <owl:disjointWith>
      <owl:Class rdf:ID="TIME"/>
    </owl:disjointWith>
    <owl:disjointWith>
      <owl:Class rdf:ID="USER"/>
    </owl:disjointWith>
  </owl:Class>
  <owl:Class rdf:ID="RT"/>
  <owl:Class rdf:ID="IPADDRESS">
    <rdfs:subClassOf>
      <owl:Class rdf:about="#PHYSICAL_ENV"/>
```

```xml
          </rdfs:subClassOf>
        </owl:Class>
        <owl:Class rdf:ID="TEXTUAL">
          <rdfs:subClassOf>
            <owl:Class rdf:ID="REPRESENTATION"/>
          </rdfs:subClassOf>
        </owl:Class>
        <owl:Class rdf:about="#PARAMETER">
          <owl:equivalentClass>
            <owl:Restriction>
              <owl:someValuesFrom>
                <owl:Class rdf:ID="CONTEXT"/>
              </owl:someValuesFrom>
              <owl:onProperty>
                <owl:InverseFunctionalProperty
rdf:ID="belong_to_context"/>
              </owl:onProperty>
            </owl:Restriction>
          </owl:equivalentClass>
        </owl:Class>
        <owl:Class rdf:about="#USER">
          <rdfs:subClassOf rdf:resource="#PARAMETER"/>
        </owl:Class>
        <owl:Class rdf:ID="DCU">
          <rdfs:subClassOf rdf:resource="#REPRESENTATION"/>
        </owl:Class>
        <owl:Class rdf:ID="RT_CXT">
          <rdfs:subClassOf rdf:resource="#RT"/>
          <owl:equivalentClass>
            <owl:Class>
              <owl:intersectionOf rdf:parseType="Collection">
                <owl:Restriction>
                  <owl:onProperty>
                    <owl:ObjectProperty rdf:ID="composed_of_propp"/>
                  </owl:onProperty>
                  <owl:allValuesFrom>
                    <owl:Class rdf:ID="PROP_PART"/>
                  </owl:allValuesFrom>
                </owl:Restriction>
                <owl:Restriction>
                  <owl:onProperty>
                    <owl:ObjectProperty rdf:ID="has_context"/>
                  </owl:onProperty>
                  <owl:allValuesFrom>
                    <owl:Class rdf:about="#CONTEXT"/>
                  </owl:allValuesFrom>
                </owl:Restriction>
                <owl:Restriction>
                  <owl:minCardinality
rdf:datatype="http://www.w3.org/2001/XMLSchema#nonNegativeInte
ger"
```

```
            >1</owl:minCardinality>
            <owl:onProperty>
                <owl:ObjectProperty
rdf:about="#composed_of_propp"/>
            </owl:onProperty>
        </owl:Restriction>
    </owl:intersectionOf>
    </owl:Class>
</owl:equivalentClass>
</owl:Class>
<owl:Class rdf:ID="PROP_COM">
    <rdfs:subClassOf>
        <owl:Class rdf:ID="PROPERTY"/>
    </rdfs:subClassOf>
    <owl:disjointWith>
        <owl:Class rdf:about="#PROP_PART"/>
    </owl:disjointWith>
</owl:Class>
<owl:Class rdf:about="#TIME">
    <owl:disjointWith rdf:resource="#USER"/>
    <rdfs:subClassOf rdf:resource="#PARAMETER"/>
</owl:Class>
<owl:Class rdf:ID="RT_CORE">
    <owl:equivalentClass>
        <owl:Class>
            <owl:intersectionOf rdf:parseType="Collection">
            <owl:Restriction>
                <owl:someValuesFrom>
                    <owl:Class rdf:about="#CONTEXT"/>
                </owl:someValuesFrom>
                <owl:onProperty>
                    <owl:ObjectProperty rdf:about="#has_context"/>
                </owl:onProperty>
            </owl:Restriction>
            <owl:Restriction>
                <owl:allValuesFrom rdf:resource="#PROP_COM"/>
                <owl:onProperty>
                    <owl:ObjectProperty rdf:ID="composed_of_propc"/>
                </owl:onProperty>
            </owl:Restriction>
            <owl:Restriction>
                <owl:minCardinality
rdf:datatype="http://www.w3.org/2001/XMLSchema#nonNegativeInte
ger"
                >1</owl:minCardinality>
                <owl:onProperty>
                    <owl:ObjectProperty
rdf:about="#composed_of_propc"/>
                </owl:onProperty>
            </owl:Restriction>
        </owl:intersectionOf>
```

```xml
      </owl:Class>
    </owl:equivalentClass>
    <rdfs:subClassOf rdf:resource="#RT"/>
  </owl:Class>
  <owl:Class rdf:about="#PHYSICAL_ENV">
    <owl:disjointWith rdf:resource="#TIME"/>
    <owl:disjointWith rdf:resource="#USER"/>
    <rdfs:subClassOf rdf:resource="#PARAMETER"/>
  </owl:Class>
  <owl:Class rdf:about="#CONTEXT">
    <owl:equivalentClass>
      <owl:Class>
        <owl:intersectionOf rdf:parseType="Collection">
          <owl:Restriction>
            <owl:onProperty>
              <owl:ObjectProperty rdf:ID="has_parameter"/>
            </owl:onProperty>
            <owl:someValuesFrom>
              <owl:Class>
                <owl:intersectionOf
rdf:parseType="Collection">
                  <owl:Class rdf:ID="ACTIVITY"/>
                  <owl:Class rdf:about="#LOCATION"/>
                  <owl:Class rdf:about="#PHYSICAL_ENV"/>
                  <owl:Class rdf:about="#TIME"/>
                  <owl:Class rdf:about="#USER"/>
                </owl:intersectionOf>
              </owl:Class>
            </owl:someValuesFrom>
          </owl:Restriction>
          <owl:Restriction>
            <owl:allValuesFrom rdf:resource="#PARAMETER"/>
            <owl:onProperty>
              <owl:ObjectProperty rdf:about="#has_parameter"/>
            </owl:onProperty>
          </owl:Restriction>
          <owl:Restriction>
            <owl:cardinality
rdf:datatype="http://www.w3.org/2001/XMLSchema#nonNegativeInte
ger"
            >5</owl:cardinality>
            <owl:onProperty>
              <owl:ObjectProperty rdf:about="#has_parameter"/>
            </owl:onProperty>
          </owl:Restriction>
        </owl:intersectionOf>
      </owl:Class>
    </owl:equivalentClass>
  </owl:Class>
  <owl:Class rdf:about="#ACTIVITY">
    <owl:disjointWith rdf:resource="#LOCATION"/>
```

```
        <owl:disjointWith rdf:resource="#PHYSICAL_ENV"/>
        <owl:disjointWith rdf:resource="#TIME"/>
        <owl:disjointWith rdf:resource="#USER"/>
        <rdfs:subClassOf rdf:resource="#PARAMETER"/>
    </owl:Class>
    <owl:Class rdf:about="#PROP_PART">
        <rdfs:subClassOf rdf:resource="#PROPERTY"/>
    </owl:Class>
    <owl:ObjectProperty rdf:about="#has_context">
        <rdfs:range rdf:resource="#CONTEXT"/>
        <rdfs:domain rdf:resource="#RT_CXT"/>
    </owl:ObjectProperty>
    <owl:ObjectProperty rdf:ID="established_in">
        <rdfs:range rdf:resource="#IPADDRESS"/>
        <rdfs:domain rdf:resource="#ACTIVITY"/>
    </owl:ObjectProperty>
    <owl:ObjectProperty rdf:ID="has_activity">
        <rdfs:domain rdf:resource="#USER"/>
        <rdfs:range rdf:resource="#ACTIVITY"/>
    </owl:ObjectProperty>
    <owl:ObjectProperty rdf:ID="localised_in">
        <rdfs:range rdf:resource="#LOCATION"/>
        <rdfs:domain rdf:resource="#USER"/>
    </owl:ObjectProperty>
    <owl:ObjectProperty rdf:ID="date_activity">
        <rdfs:range rdf:resource="#TIME"/>
        <rdfs:domain rdf:resource="#ACTIVITY"/>
    </owl:ObjectProperty>
    <owl:ObjectProperty rdf:about="#has_parameter">
        <owl:inverseOf>
            <owl:InverseFunctionalProperty
rdf:about="#belong_to_context"/>
        </owl:inverseOf>
        <rdfs:domain rdf:resource="#CONTEXT"/>
        <rdfs:range rdf:resource="#PARAMETER"/>
    </owl:ObjectProperty>
    <owl:ObjectProperty rdf:about="#composed_of_propc">
        <rdfs:range rdf:resource="#PROP_COM"/>
        <rdfs:domain rdf:resource="#RT_CORE"/>
    </owl:ObjectProperty>
    <owl:ObjectProperty rdf:about="#composed_of_propp">
        <rdfs:domain rdf:resource="#RT_CXT"/>
        <rdfs:range rdf:resource="#PROP_PART"/>
    </owl:ObjectProperty>
    <owl:DatatypeProperty rdf:ID="type_activity">
        <rdfs:domain rdf:resource="#ACTIVITY"/>
        <rdfs:range
rdf:resource="http://www.w3.org/2001/XMLSchema#string"/>
    </owl:DatatypeProperty>
    <owl:DatatypeProperty rdf:ID="has_date">
        <rdfs:domain rdf:resource="#TIME"/>
```

```
        <rdfs:range
rdf:resource="http://www.w3.org/2001/XMLSchema#string"/>
    </owl:DatatypeProperty>
    <owl:DatatypeProperty rdf:ID="has_profile">
        <rdfs:domain rdf:resource="#USER"/>
        <rdfs:range
rdf:resource="http://www.w3.org/2001/XMLSchema#string"/>
    </owl:DatatypeProperty>
    <owl:DatatypeProperty rdf:ID="has_name_tb">
        <rdfs:range
rdf:resource="http://www.w3.org/2001/XMLSchema#string"/>
        <rdfs:domain rdf:resource="#RT"/>
    </owl:DatatypeProperty>
    <owl:DatatypeProperty rdf:ID="has_name">
        <rdfs:range
rdf:resource="http://www.w3.org/2001/XMLSchema#string"/>
        <rdfs:domain rdf:resource="#USER"/>
    </owl:DatatypeProperty>
    <owl:DatatypeProperty rdf:ID="rectorat_name">
        <rdfs:range
rdf:resource="http://www.w3.org/2001/XMLSchema#string"/>
        <rdfs:domain rdf:resource="#LOCATION"/>
    </owl:DatatypeProperty>
    <owl:DatatypeProperty rdf:ID="adress">
        <rdfs:domain rdf:resource="#IPADDRESS"/>
        <rdfs:range
rdf:resource="http://www.w3.org/2001/XMLSchema#string"/>
    </owl:DatatypeProperty>
    <owl:DatatypeProperty rdf:ID="name">
        <rdfs:domain rdf:resource="#CONTEXT"/>
        <rdfs:range
rdf:resource="http://www.w3.org/2001/XMLSchema#string"/>
    </owl:DatatypeProperty>
    <owl:InverseFunctionalProperty
rdf:about="#belong_to_context">
        <rdf:type
rdf:resource="http://www.w3.org/2002/07/owl#ObjectProperty"/>
        <rdfs:domain rdf:resource="#PARAMETER"/>
        <rdfs:range rdf:resource="#CONTEXT"/>
        <owl:inverseOf rdf:resource="#has_parameter"/>
    </owl:InverseFunctionalProperty>
    <owl:NamedIndividual rdf:ID="IP4">
        <belong_to_context>
          <owl:NamedIndividual rdf:ID="adm_ratf">
            <rdf:type rdf:resource="#CONTEXT"/>
            <name
rdf:datatype="http://www.w3.org/2001/XMLSchema#string"
            >adm_ratf</name>
            <has_parameter rdf:resource="#IP4"/>
            <has_parameter>
              <owl:NamedIndividual rdf:ID="debut_gestion_compte">
```

```
        </owl:NamedIndividual>
      </has_parameter>
      <has_parameter>
        <owl:NamedIndividual rdf:ID="user2">
          <localised_in rdf:resource="#sfax"/>
          <has_activity rdf:resource="#inscription"/>
          <has_name
rdf:datatype="http://www.w3.org/2001/XMLSchema#string"
          >mouna</has_name>
          <has_profile
rdf:datatype="http://www.w3.org/2001/XMLSchema#string"
          >tuteur</has_profile>
          <belong_to_context rdf:resource="#tut_rst"/>
          <rdf:type rdf:resource="#USER"/>
        </owl:NamedIndividual>
      </has_parameter>
      <rdf:type rdf:resource="#CONTEXT"/>
      <name
rdf:datatype="http://www.w3.org/2001/XMLSchema#string"
      >tut_rst</name>
    </owl:NamedIndividual>

    </belong_to_context>

    <rdf:type rdf:resource="#IPADDRESS"/>

    </owl:NamedIndividual>

    </has_parameter>

    <has_parameter rdf:resource="#debut_inscription"/>

    <has_parameter rdf:resource="#inscription"/>

    <has_parameter rdf:resource="#sfax"/>

    <has_parameter>

    <owl:NamedIndividual rdf:ID="user1">

    <has_name

    rdf:datatype=

    "http://www.w3.org/2001/XMLSchema#string"

    >maha</has_name>

    <belong_to_context rdf:resource="#app_rst"/>
    rdf:datatype=
```

```
"http://www.w3.org/2001/XMLSchema#string"

>administrateur</has_profile>
                                    <has_activity
rdf:resource="#telechargement"/>
                                    <localised_in
rdf:resource="#montreal"/>
                            </owl:NamedIndividual>
                        </has_parameter>
                    </owl:NamedIndividual>
                </belong_to_context>
                <belong_to_context
rdf:resource="#app_rmc"/>
                        <has_date
rdf:datatype="http://www.w3.org/2001/XMLSchema#string"
                        >2008/2009</has_date>
                        <rdf:type rdf:resource="#TIME"/>
                    </owl:NamedIndividual>
                </has_parameter>
                <has_parameter
rdf:resource="#telechargement"/>
                    <has_parameter rdf:resource="#user4"/>
                    <rdf:type rdf:resource="#CONTEXT"/>
                    <name
rdf:datatype="http://www.w3.org/2001/XMLSchema#string"
                    >adm_rmc</name>
                </owl:NamedIndividual>
                </belong_to_context>
                <belong_to_context
rdf:resource="#adm_rst"/>
                    <belong_to_context
rdf:resource="#app_ratf"/>
                    </owl:NamedIndividual>
                </has_parameter>
                <has_parameter
rdf:resource="#debut_gestion_compte"/>
                    <has_parameter>
                    <owl:NamedIndividual
rdf:ID="gestion_compte">
                        <rdf:type rdf:resource="#ACTIVITY"/>
                        <established_in rdf:resource="#IP3"/>
                        <belong_to_context
rdf:resource="#adm_ratf"/>
                        <belong_to_context
rdf:resource="#app_ratf"/>
                        <type_activity
rdf:datatype="http://www.w3.org/2001/XMLSchema#string"
                        >gestion_compte</type_activity>
                        <date_activity
rdf:resource="#debut_gestion_compte"/>
```

```xml
        </owl:NamedIndividual>
      </has_parameter>
      <has_parameter rdf:resource="#toulouse"/>
      <has_parameter>
        <owl:NamedIndividual rdf:ID="user5">
          <rdf:type rdf:resource="#USER"/>
          <has_activity
rdf:resource="#gestion_compte"/>
          <localised_in rdf:resource="#toulouse"/>
          <has_profile
rdf:datatype="http://www.w3.org/2001/XMLSchema#string"
          >apprenant</has_profile>
          <belong_to_context
rdf:resource="#app_ratf"/>
          <has_name
rdf:datatype="http://www.w3.org/2001/XMLSchema#string"
          >mariam</has_name>
        </owl:NamedIndividual>
      </has_parameter>
    </owl:NamedIndividual>
  </belong_to_context>
  <has_date
rdf:datatype="http://www.w3.org/2001/XMLSchema#string"
  >2009/2010</has_date>
  <rdf:type rdf:resource="#TIME"/>
</owl:NamedIndividual>
      </has_parameter>
      <has_parameter rdf:resource="#gestion_compte"/>
      <has_parameter rdf:resource="#toulouse"/>
      <has_parameter>
        <owl:NamedIndividual rdf:ID="user3">
          <rdf:type rdf:resource="#USER"/>
          <has_activity rdf:resource="#gestion_compte"/>
          <localised_in rdf:resource="#toulouse"/>
          <has_profile
rdf:datatype="http://www.w3.org/2001/XMLSchema#string"
          >administrateur</has_profile>
          <belong_to_context rdf:resource="#adm_ratf"/>
          <has_name
rdf:datatype="http://www.w3.org/2001/XMLSchema#string"
          >ahmed</has_name>
        </owl:NamedIndividual>
      </has_parameter>
    </owl:NamedIndividual>
  </belong_to_context>
  <belong_to_context rdf:resource="#app_rmc"/>
  <adress
rdf:datatype="http://www.w3.org/2001/XMLSchema#string"
  >192.168.2.102</adress>
  <rdf:type rdf:resource="#IPADDRESS"/>
</owl:NamedIndividual>
```

```
<owl:NamedIndividual rdf:ID="inscrire_td">
  <rdf:type rdf:resource="#PROP_PART"/>
</owl:NamedIndividual>
<owl:NamedIndividual rdf:ID="TB_NOY_1">
  <has_name_tb xml:lang="fr">inscrire</has_name_tb>
  <composed_of_propc>
    <owl:NamedIndividual rdf:ID="remp_form">
      <rdf:type rdf:resource="#PROP_COM"/>
    </owl:NamedIndividual>
  </composed_of_propc>
  <rdf:type rdf:resource="#RT_CORE"/>
</owl:NamedIndividual>
<owl:NamedIndividual rdf:ID="TB_CXT_1">
  <has_context rdf:resource="#adm_ratf"/>
  <composed_of_propp rdf:resource="#inscrire_td"/>
  <rdf:type rdf:resource="#RT_CXT"/>
  <has_name_tb xml:lang="fr">inscrire</has_name_tb>
</owl:NamedIndividual>
</rdf:RDF>
<!-- Created with Protege (with OWL Plugin 3.3.1, Build 430)
http://protege.stanford.edu -->
```

Classes

ACTIVITY
ACTIVITY ⊑ PARAMETER
ACTIVITY ⊑ ¬ TIME
ACTIVITY ⊑ ¬ PHYSICAL_ENV
ACTIVITY ⊑ ¬ LOCATION
ACTIVITY ⊑ ¬ USER

CONTEXT
CONTEXT ≡ ∃ has_parameter (ACTIVITY ⊓ LOCATION ⊓ PHYSICAL
ENV ⊓ TIME ⊓ USER) ⊓ ∀ has_parameter PARAMETER ⊓ = has_parameter
Thing

DCU
DCU ⊑ REPRESENTATION

IPADDRESS
IPADDRESS ⊑ PHYSICAL_ENV

LOCATION
LOCATION ⊑ PARAMETER
LOCATION ⊑ ¬ TIME
LOCATION ⊑ ¬ ACTIVITY
LOCATION ⊑ ¬ PHYSICAL_ENV

LOCATION ⊑ ¬ USER

PARAMETER
PARAMETER ≡ ∃ belong_to_context CONTEXT

PHYSICAL_ENV
PHYSICAL_ENV ⊑ PARAMETER
PHYSICAL_ENV ⊑ ¬ USER
PHYSICAL_ENV ⊑ ¬ TIME
PHYSICAL_ENV ⊑ ¬ ACTIVITY
PHYSICAL_ENV ⊑ ¬ LOCATION

PROPERTY
PROP_COM
PROP_COM ⊑ PROPERTY
PROP_COM ⊑¬ PROP_PART

PROP_PART
PROP_PART ⊑ PROPERTY
PROP_PART ⊑ ¬ PROP_COM

REPRESENTATION

RT
RTCORE
RT CORE ≡ ∃ has_context CONTEXT ⊓ ∀ composed_of_propc PROP_COM
⊓ ≥ 1 composed_of_propc Thing
RT_CORE ⊑ RT

RT_CXT
RT_CXT ≡ ∀ composed_of_propp PROP_PART ⊓ ∀ has_context CONTEXT
⊓ ≥ 1 composed_of_propp Thing
RT_CXT ⊑ RT

TEXTUAL
TEXTUAL ⊑ REPRESENTATION

TIME
TIME ⊑ PARAMETER
TIME ⊑ ¬ PHYSICAL ENV
TIME ⊑ ¬ACTIVITY
TIME ⊑ ¬LOCATION
TIME ⊑ ¬USER

USER
USER ⊑ PARAMETER
USER ⊑ ¬ PHYSICAL ENV
USER ⊑ ¬ LOCATION
USER ⊑ ¬ TIME
USER ⊑ ¬ ACTIVITY

Object_properties

belong_to_context
<http://www.owl-ontologies.com/Ontology1265194602.owl#has_parameter > ≡
<http://www.owl-ontologies.com/Ontology1265194602.owl#
belong_to_context>
⊤ ⊑ ≤ 1 belong to context⁻ Thing
∃ belong_to_context Thing ⊑ PARAMETER
⊤ ⊑ ∀ belong_to_context CONTEXT

composed_of_propc
∃ composed_of_propc Thing ⊑ RT_CORE
⊤ ⊑ ∀ composed_of_propc PROP_COM

composed_of_propp
∃ composed_of_propp Thing ⊑ RT_CXT
⊤ ⊑ ∀ composed_of_propp PROP_PART

date_activity
∃ date_activity Thing ⊑ ACTIVITY
⊤ ⊑ ∀ date_activity TIME

established_in
∃ established_in Thing ⊑ ACTIVITY
⊤ ⊑ ∀ established_in IPADDRESS

has_activity
∃ has_activity Thing ⊑ USER
⊤ ⊑ ∀ has_activity ACTIVITY

has_context
∃ has_context Thing ⊑ RT_CXT
⊤ ⊑ ∀ has_context CONTEXT

has_parameter

<http://www.owl-ontologies.com/Ontology1265194602.owl#has_parameter > ≡
<http://www.owl-
ontologies.com/Ontology1265194602.owl#belong_to_context>
∃ has_parameter Thing ⊑ CONTEXT
⊤ ⊑ ∀ has_parameter PARAMETER

localized_in
∃ localized_in Thing ⊑ USER
⊤ ⊑ ∀ localized_in LOCATION

Data properties
adress
has_date
has_name
has_name_tb
has_profile
name
rectorat_name
type_activity

Individuals
IP1
IP1 : IPADDRESS
belong to context(IP1, app rst)
belong to context(IP1, tut rst)

IP2
IP2 : IPADDRESS
belong to context(IP2, adm rmc)
belong to context(IP2, adm rst)
belong to context(IP2, app ratf)

IP3
IP3 : IPADDRESS
belong to context(IP3, tut ratf)
belong to context(IP3, tut rmc)

IP4
IP4 : IPADDRESS
belong to context(IP4, adm ratf)
belong to context(IP4, app rmc)

TB_CXT_1

TB_CXT_1 : RT_CXT
composed_of_propp(TB_CXT_1, inscrire_td)
has_context(TB_CXT_1, adm_ratf)

TB_NOY_1
TB_NOY_1 : RT_CORE
composed_of_propc(TB_NOY_1, remp_form)

adm_ratf
adm_ratf : CONTEXT
has_parameter(adm_ratf, gestion_compte)
has_parameter(adm_ratf, IP4)
has_parameter(adm_ratf, debut_gestion_compte)
has_parameter(adm_ratf, user3)
has_parameter(adm_ratf, toulouse)

adm_rmc
adm_rmc : CONTEXT
has_parameter(adm_rmc, telechargement)
has_parameter(adm_rmc, user4)
has_parameter(adm_rmc, debut_telechargement)
has_parameter(adm_rmc, IP2)

adm_rst
adm_rst : CONTEXT
has_parameter(adm_rst, montreal)
has_parameter(adm_rst, debut_telechargement)
has_parameter(adm_rst, IP2)
has_parameter(adm_rst, user4)
has_parameter(adm_rst, telechargement)

app_ratf
app_ratf : CONTEXT
has_parameter(app_ratf, debut_gestion_compte)
has_parameter(app_ratf, user5)
has_parameter(app_ratf, gestion_compte)
has_parameter(app_ratf, IP2)
has_parameter(app_ratf, toulouse)

app_rmc
app_rmc : CONTEXT
has_parameter(app_rmc, user6)
has_parameter(app_rmc, telechargement)

has_parameter(app_rmc, IP4)
has_parameter(app_rmc, debut_telechargement)
has_parameter(app_rmc, sfax)

app_rst
app_rst : CONTEXT
has_parameter(app_rst, debut_inscription)
has_parameter(app_rst, IP1)
has_parameter(app_rst, user1)
has_parameter(app_rst, inscription)
has_parameter(app_rst, sfax)

connexion
connexion : ACTIVITY
date_activity(connexion, debut_connexion)
belong_to_context(connexion, tut_ratf)
established_in(connexion, IP1)

debut_connexion
debut_connexion : TIME
belong_to_context(debut_connexion, tut_ratf)
debut_gestion_compte
debut_gestion_compte : TIME
belong_to_context(debut_gestion_compte, adm_ratf)
belong_to_context(debut_gestion_compte, app_ratf)

debut_inscription
debut_inscription : TIME
belong_to_context(debut_inscription, tut_rmc)
belong_to_context(debut_inscription, app_rst)
belong_to_context(debut_inscription, tut_rst)

debut_telechargement
debut_telechargement : TIME
belong_to_context(debut_telechargement, app_rmc)
belong_to_context(debut_telechargement, adm_rmc)
belong_to_context(debut_telechargement, adm_rst)

gestion_compte
gestion_compte : ACTIVITY
belong_to_context(gestion_compte, app_ratf)
date_activity(gestion_compte, debut_gestion_compte)
established_in(gestion_compte, IP3)

belong_to_context(gestion_compte, adm_ratf)

inscription
inscription : ACTIVITY
belong to context(inscription, tut rmc)
belong to context(inscription, app rst)
established in(inscription, IP4)
belong to context(inscription, tut rst)
date activity(inscription, debut inscription)

inscrire_td
inscrire_td : PROP_PART
montreal
montreal : LOCATION
belong_to_ context(montreal, adm_rst)
belong_to_context(montreal, tut_ratf)

remp_form
remp_form : PROP_COM

sfax
sfax : LOCATION
belong_to_context(sfax, app_rmc)
belong_to_context(sfax, tut_rst)
belong_to_context(sfax, app_rst)

telechargement
telechargement : ACTIVITY
belong_to_context(telechargement, adm_rst)
belong_to_context(telechargement, adm_rmc)
belong_to_context(telechargement, app_rmc)
established_in(telechargement, IP2)
date_activity(telechargement, debut_telechargement)

toulouse
toulouse : LOCATION
belong_to_context(toulouse, app_ratf)
belong_to_context(toulouse, adm_ratf)
belong_to_context(toulouse, tut_rmc)

tut_ratf
tut_ratf : CONTEXT
has_parameter(tut_ratf, user7)

has_parameter(tut_ratf, debut_connexion)
has_parameter(tut_ratf, connexion)
has_parameter(tut_ratf, montreal)
has_parameter(tut_ratf, IP3)

tut_rmc
tut_rmc : CONTEXT
has_parameter(tut_rmc, user7)
has_parameter(tut_rmc, toulouse)
has_parameter(tut_rmc, inscription)
has_parameter(tut_rmc, IP3)
has_parameter(tut_rmc, debut_inscription)

tut_rst
tut_rst : CONTEXT
has_parameter(tut_rst, debut_inscription)
has_ parameter(tut_rst, IP1)
has_parameter(tut_rst, inscription)
has_parameter(tut_rst, user2)
has_parameter(tut_rst, sfax)

user1
user1 : USER
localized_in(user1, sfax)
belong_to_context(user1, app_rst)
has_activity(user1, inscription)

user2
user2 : USER
has_activity(user2, inscription)
localized_in(user2, sfax)
belong_to_context(user2, tut_rst)

user3
user3 : USER
belong_to_context(user3, adm_ratf)
has_activity(user3, gestion_compte)
localized_in(user3, toulouse)

user4
user4 : USER
has_activity(user4, telechargement)
localized_in(user4, montreal)

belong_to_context(user4, adm_rst)
belong_to_context(user4, adm_rmc)

user5
user5 : USER
belong_to_context(user5, app_ratf)
localized_in(user5, toulouse)
has_activity(user5, gestion_compte)

user6
user6 : USER
has_activity(user6, telechargement)
localized_in(user6, sfax)
belong_to_context(user6, app_rmc)

user7
user7 : USER
has_activity(user7, inscription)
localized_in(user7, montreal)
belong_to_context(user7, tut_rmc)
has_activity(user7, connexion)
localized_in(user7, toulouse)
belong_to_context(user7, tut_ratf

FSC
www.fsc.org
MIX
Papier | Fördert
gute Waldnutzung
FSC® C083411

Zeitfracht Medien GmbH
Ferdinand-Jühlke-Straße 7
99095 Erfurt, Deutschland
produktsicherheit@kolibri360.de

Druck:
CPI Druckdienstleistungen GmbH
im Auftrag der
Zeitfracht Medien GmbH
Ein Unternehmen der Zeitfracht - Gruppe
Ferdinand-Jühlke-Str. 7
99095 Erfurt